運行管理者〈貨物〉集中レッスン

コンデックス情報研究所　編著

本書で使われている法令等の略語一覧

- 貨運法 ……………………… 貨物自動車運送事業法
- 事故報告規則 ……………… 自動車事故報告規則
- 安全規則 …………………… 貨物自動車運送事業輸送安全規則
- 車両法 ……………………… 道路運送車両法
- 保安基準 …………………… 道路運送車両の保安基準
- 道交法 ……………………… 道路交通法
- 労基法 ……………………… 労働基準法
- 改善基準 …………………… 自動車運転者の労働時間等の改善のための
  基準
- 指導監督指針 ……………… 貨物自動車運送事業者が事業用自動車の運
  転者に対して行う指導及び監督の指針

成美堂出版

本書の使い方

本書は、運行管理者<貨物>試験の攻略本です。重要事項をゴロ合わせで覚えながら、頻出事項を効率よく学習できます。また、付属の**赤シート**を使えば、穴埋め問題対策としても活用できます。また、過去問題の分析に基づいて準備した、過去問題と同じ形式の「予想問題」を解きながら、理解度を確認することができます。

◆**出題位置**
そのテーマの本試験における、おおよその出題位置です。

◆**重要度と指針**
そのテーマの重要度と学習の指針をはじめに確認できる！

◆**ゴロ合わせ**
イラスト入りのゴロ合わせで、楽しみながら重要事項が暗記できる！

◆**速攻攻略!!**
抽出したそのテーマのポイントです。ここを押さえるだけでも試験問題が解ける！

第1章　貨運法関係

04 事業計画変更の届出（事後）

問1
重要度
★★

一般貨物自動車運送事業者が事業計画を変更する際の国土交通大臣への「届出」については、事後に「遅滞なく」届け出れば足りる場合もある。そのポイントとなる事由を確認しよう。

事後に届け出れば足りる事業計画の変更内容

ジュゴンが
（事後の届出）

むしょうに
（主たる事務所）

「名前はイチ！」
（名称及び位置）

事業計画の変更のうち、事後に「遅滞なく」届け出れば足りる場合のうち重要な事由は「主たる事務所の名称及び位置」の変更だ。

速攻攻略!!

①事業計画の「変更」のうち、事後の（遅滞ない）届出で足りる場合が、いくつかある。

②そのうち押さえておきたい事由は、**主たる事務所の名称及び位置**の変更である。

事後の届出で足りるケースについては、上記②の「主たる事務所の名称及び位置」の変更を押さえれば、試験に対応できる可能性が高い。時間がない場合は、これだけでも押さえて本試験に臨もう。ただし、気になる受験生も多いと思うので、他の事後の届出で足りる事項も紹介する。

18

各試験の出題法令基準日までに施行される法改正情報は、本書最終ページに記載のアドレスで確認することができます。

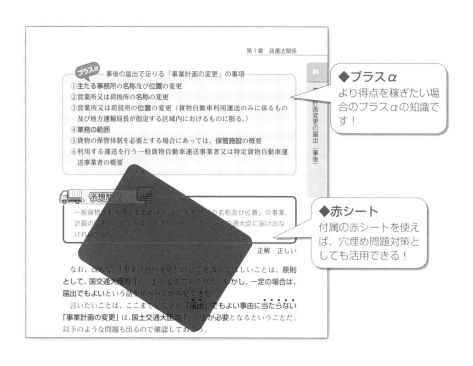

プラスα

事後の届出で足りる「事業計画の変更」の事項

① 主たる事務所の名称及び位置の変更
② 営業所又は荷扱所の名称の変更
③ 営業所又は荷扱所の位置の変更（貨物自動車利用運送のみに係るもの及び地方運輸局長が指定する区域内におけるものに限る。）
④ 業務の範囲
⑤ 貨物の保管体制を必要とする場合にあっては、保管施設の概要
⑥ 利用する運送を行う一般貨物自動車運送事業者又は特定貨物自動車運送事業者の概要

予想問

一般貨物自動車運送事業者は、主たる事務所の名称及び位置の事業計画の変更をしようとするときは、あらかじめ、国土交通大臣に届け出なければならない。

正解　正しい

なお、改めて、「事業計画の変更」の話で意識してほしいことは、原則として、国交大臣の「　」が必要である点だ。しかし、一定の場合は、届出でもよいという話を16ページから見てきた。

言いたいことは、ここまで見てきた「届出」でもよい事由に当たらない「事業計画の変更」は、国土交通大臣の「　」が必要となるということだ。以下のような問題も出るので確認しておこう。

◆プラスα
より得点を稼ぎたい場合のプラスαの知識です！

◆赤シート
付属の赤シートを使えば、穴埋め問題対策としても活用できる！

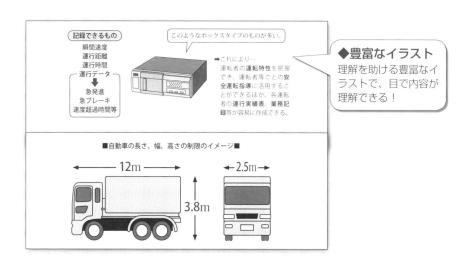

記録できるもの

瞬間速度
運行距離
運行時間
↓運行データ
急発進
急ブレーキ
速度超過時間等

このようなボックスタイプのものが多い。

→これにより…
運転者の運転特性を把握でき、運転者等ごとの安全運転指導に活用することができるほか、各運転者の運行実績表、業務記録等が容易に作成できる。

◆豊富なイラスト
理解を助ける豊富なイラストで、目で内容が理解できる！

■自動車の長さ、幅、高さの制限のイメージ■

12m　　　3.8m　　　2.5m

＊本書は、原則として、2024年2月2日現在の情報に基づいて編集しています。ただし、改善基準は2024年4月1日施行の改正改善基準に基づきます。

スピード攻略！運行管理者〈貨物〉集中レッスン

CONTENTS

第1章　貨運法関係

第２章　車両法関係

第3章　道交法関係

第4章　労基法関係

第5章　実務上の知識及び能力

注意）この情報は本書編集時のものであり、変更される場合があります。受験される方は、受験資格や必要書類等を含め、ご自身で事前に必ず試験実施機関の発表する最新情報を確認してください。

1. 試験内容（合計 30 問：CBT試験）

分　　野	出題数
（1）貨物自動車運送事業法関係	（8 問）
（2）道路運送車両法関係	（4 問）
（3）道路交通法関係	（5 問）
（4）労働基準法関係	（6 問）
（5）その他運行業務に関し必要な実務上の知識及び能力	（7 問）

※法令等の改正があった場合は、改正された法令等の施行後6ヵ月間は改正前と改正後で解答が異なることとなる問題は出題されません。

◆合格基準（次の①及び②の得点を満たしていること）

① 原則として、総得点が満点の 60％（30 問中 18 問）以上あること。

② 上記表（1）〜（4）の正解が各 1 問以上、（5）は 2 問以上あること。

2. 試験日程　　CBT試験：8 月頃及び 3 月頃それぞれ1ヶ月程度の期間で実施。

3. 受験手数料　　6,000 円（非課税）この他、次の①②のいずれか1つが必要。

〔インターネット申請利用料等〕

①新規受験申請：660 円（税込）（システム利用料）

②再受験申請：860 円（税込）（システム利用料、事務手数料）

また、試験結果レポートを希望し、別途申込みを行った受験者には試験結果レポートが通知されます。試験結果レポートの手数料は 140円 となっています（税込）。

◆試験に関する問い合わせ先　　（公財）運行管理者試験事務センター

TEL 03-6635-9400（平日9:00〜17:00はオペレータ対応）
オペレータ対応時間外は自動音声案内のみの対応
ホームページ　https://www.unkan.or.jp/

第1章

貨運法関係

攻略のカギ

貨運法の分野では、**例年問1～問8までの8問分**が出題されます。また、5つ目の分野である「**実務上の知識及び能力**」においても、この分野での知識から**1～2問は出題**されるため、結果として、**10問前後はこの分野から出題**されることも珍しくはありません。この分野に限りませんが、運行管理者試験はあらゆるテーマから、まんべんなく出題されます。全てを一気に覚えようとはせずに、まずは**重要度「★★～★★★」**のものを丁寧、かつ、確実に押さえることから始めましょう。そして、試験直前に残った「★」のものを押さえれば、全問正解も可能です。なお、「★★★」の中でも、特に「**点呼**」「**特別な指導**」「**事故報告規則（事故の定義）**」は、毎回必ず出題されると考え、確実に押さえておきましょう。

|01| 貨運法の目的

問1	貨運法の目的は、たまに穴埋め問題として出題される程度で重要度は低い。しかし、全く準備していないと出題された際にヒッカケ問題にひっかかるので、試験前に一度は目を通しておこう。
重要度 ★	

貨運法の目的（キーワード）

敵SAY「GO！」
（適正かつ合理的）

十種のジュースと
（措置の遵守等）　（自主的な活動）

剣と禅
（事業の健全な発達）

速攻攻略!!

貨運法の目的は、

①貨物自動車運送事業の運営を**適正かつ合理的**なものとするとともに、

②貨物自動車運送に関する法律及びそれに基づく**措置の遵守等**を図るため、

③**民間団体等**による**自主的な活動**を促進することで、

④**輸送の安全**を確保するとともに、貨物自動車運送事業の**健全な発達**を図り、

⑤**公共の福祉**の増進に資することである。

　貨運法1条は、貨運法の目的を規定する。上記赤字部分がよく穴埋め問題で問われるので、押さえておきたい。

　特に上記①の「適正かつ合理的」と④の事業の「健全な発達」という部分は、「健全かつ効率的」といった他の言葉と置き換えられて出題されるので、注意しておこう。

貨物自動車運送事業法の目的に関する次の文中、A、B、C、Dに入るべき字句として【いずれか正しいものを1つ】下の選択肢（1～8）から選びなさい。

　この法律は、貨物自動車運送事業の運営を　A　なものとするとともに、貨物自動車運送に関するこの法律及びこの法律に基づく　B　を図るための民間団体等による　C　を促進することにより、輸送の安全を確保するとともに、貨物自動車運送事業の　D　を図り、もって公共の福祉の増進に資することを目的とする。

1．健全かつ効率的	2．適正かつ合理的	3．措置の遵守等
4．秩序の確立	5．自主的な活動	6．発展的な活動
7．健全な発達	8．総合的な発達	

正解　A：2　B：3　C：5　D：7

貨物自動車運送事業法の目的に関する次の文中、A、B、C、Dに入るべき字句として【いずれか正しいものを1つ】下の選択肢（1～8）から選びなさい。

　この法律は、貨物自動車運送事業の運営を　A　なものとするとともに、貨物自動車運送に関するこの法律及びこの法律に基づく措置の遵守等を図るための　B　による自主的な活動を促進することにより、　C　を確保するとともに、貨物自動車運送事業の健全な発達を図り、もって　D　の増進に資することを目的とする。

1．健全かつ効率的	2．公共の福祉	3．輸送の安全
4．秩序の確立	5．民間団体等	6．運送事業者
7．健全な発達	8．適正かつ合理的	

正解　A：8　B：5　C：3　D：2

┃02┃ 貨物自動車運送事業の定義

問1	貨物自動車運送事業の定義に関する問題は、たまに出題される程度で重要度は低い。しかし、覚えておかないと出題時に対応できないので、試験直前にはチェックしておこう。
重要度 ★	

「貨物自動車運送事業」に含まれる事業（3種類）

特定の
（特定貨物自動車運送事業）

一般人が
（一般貨物自動車運送事業）

軽に乗る！
（貨物軽自動車運送事業）

貨物自動車運送事業には3つの事業が含まれる。「特定貨物自動車運送事業」、「一般貨物自動車運送事業」、「貨物軽自動車運送事業」である。

速攻攻略!!

① 「貨物自動車運送事業」の種類は、**3種類**である。

②その**3種類**とは、「**一般**貨物自動車運送事業」、「**特定**貨物自動車運送事業」、「貨物**軽自動車**運送事業」である。

③類似の事業として、「**特別積合せ**貨物運送事業」、「貨物自動車**利用**運送事業」があるが、これらは「貨物自動車運送事業」に含まれない。

　上記③の事業も含めると5つの事業について、試験では出題されうる。それぞれの定義自体を覚えられるとより良いが、過去問題を見ると、**上記③の "含まれない事業" を覚えておけば対応できる**ことが多い。そこで、上記③の含まれない事業のゴロ合わせも紹介しよう。

「貨物自動車運送事業」に含まれない事業

特別に利用する
(特別積合せ貨物運送、貨物自動車利用運送)

事業はない「かも」！
(貨物自動車運送事業ではない)

「特別積合せ貨物運送」と「貨物自動車利用運送」は貨物自動車運送事業には含まれない。

プラスα　貨物自動車運送事業に含まれない2つの事業の定義

（1）**特別積合せ貨物運送事業**：一般貨物自動車運送事業として行う運送のうち、営業所その他の事業場において集貨された貨物の仕分けを行い、集貨された貨物を積み合わせて他の事業場に運送し、当該他の事業場において運送された貨物の配達に必要な仕分けを行うものであって、これらの事業場の間における当該積合せ貨物の運送を定期的に行うものをいう。

（2）**貨物自動車利用運送事業**：一般貨物自動車運送事業又は特定貨物自動車運送事業を経営する者が、他の一般貨物自動車運送事業又は特定貨物自動車運送事業を経営する者の行う運送（自動車を使用して行う貨物の運送に係るものに限る）を利用してする貨物の運送をいう。

　また念のため、「貨物自動車運送事業」に含まれる3つの事業の定義も紹介しておこう。出題頻度が高いわけではないので、これらは余力があれば覚えるというスタンスでよい。ただし、合格後に運行管理者になることを考えておけば、覚えておきたいところだ。

◆「貨物自動車運送事業」に含まれる3つの事業

（1）一般貨物自動車運送事業：他人の需要に応じ、有償で、自動車（三輪以上の軽自動車及び二輪の自動車を除く）を使用して貨物を運送

する事業であって、**特定貨物自動車運送事業以外のもの**。

（２）**特定貨物自動車運送事業**：特定の者の需要に応じ、有償で、自動車を使用して**貨物を運送**する事業をいう。

（３）**貨物軽自動車運送事業**：他人の需要に応じ、有償で、自動車（三輪以上の**軽自動車及び二輪の自動車に限る**）を使用して**貨物を運送**する事業をいう。

貨物自動車運送事業に関する次の記述のうち、【誤っているものを１つ】選びなさい。なお、解答にあたっては、各選択肢に記載されている事項以外は考慮しないものとする。

1．貨物自動車運送事業とは、一般貨物自動車運送事業、特定貨物自動車運送事業、貨物軽自動車運送事業及び貨物自動車利用運送事業をいう。

2．一般貨物自動車運送事業とは、他人の需要に応じ、有償で、自動車（三輪以上の軽自動車及び二輪の自動車を除く。）を使用して貨物を運送する事業であって、特定貨物自動車運送事業以外のものをいう。

3．貨物軽自動車運送事業とは、他人の需要に応じ、有償で、自動車（三輪以上の軽自動車及び二輪の自動車に限る。）を使用して貨物を運送する事業をいう。

4．特定貨物自動車運送事業とは、特定の者の需要に応じ、有償で、自動車を使用して貨物を運送する事業をいう。

正解　1

　貨物自動車運送事業の定義に関する問題は、およそ上記のような問題が出題される。**選択肢１**は「**貨物自動車運送事業**」が**4種類**になっている時点で誤りとわかるが、具体的には、「貨物自動車利用運送事業」が含まれている点で誤っている。

　また、**選択肢2〜4**は、それぞれ「**貨物自動車運送事業**」に**含まれる**事業の定義であり、それぞれ**正しい内容である**。余力があればここまで覚えよう。

ONE POINT!! **ちょこっとコメント**

　本試験の問題文（の冒頭）では、「**一般貨物自動車運送事業者は、**」や「**貨物自動車運送事業者は、**」といったように、これから問う知識の**主体となる者**が限定されている。当然のことながら、厳密に考えれば「一般貨物自動車運送事業者」と「貨物自動車運送事業者」は別の主体であり、問題文のケースによっては、この主体（主語）が異なることで、結論が異なることはありうる。

　しかし、過去問題を見る限り、**各事業者の定義を厳密に考えて（＝場合分けをして）問題を解かなくても、正解できる問題**になっている。つまり、「事業者」に関しては、特定の問題を除いて、「一般貨物自動車運送事業者」と「貨物自動車運送事業者」という主体（主語）の違いによって、解答が変わるような問題は出題されていないため、**この違いはあまり気にする必要はない。**

　「特定の問題を除いて」というのは、例えば、13ページで述べた「**特別積合せ貨物運送事業**」の定義を問う問題であったり、34ページで紹介する「**特別積合せ貨物運送事業**」の**事業者の義務**に関する問題だ。「特別積合せ貨物運送事業」は「貨物自動車運送事業」に含まれない以上、「貨物自動車運送事業者」と同列に解答するわけにはいかない。

　ただし、ここは要注意ポイントだが、問題文において「**事業者**」と「**運行管理者**」の違いだけは、常に意識して解答しよう。特に「**事業者**」と「**運行管理者**」が負う義務には、同じものが多い反面、**微妙に内容が異なるもの**もある。その違いをヒッカケ問題として出題する問題が、運行管理者試験では度々出ているからだ。

|03| 事業計画変更の届出（事前）

問1

重要度
★★

一般貨物自動車運送事業者は「事業計画」に従って事業を行わなければならない。この事業計画を「変更」するとき、国土交通大臣への「あらかじめ」の「届出」が必要となる場合がある。

「あらかじめ」の「届出」が必要な事業計画の変更内容

前に届けた
（あらかじめの届出）

シューベルト！
（事業用自動車の種別ごとの数）

うんこらしょ！
（運行車の数）

事業計画変更の「届出」について、「あらかじめ」の「届出」が必要となる事由は、事業用自動車の種別ごとの数の変更と運行車の数の変更である。

速攻攻略‼

①事業計画の「変更」のうち、「あらかじめの届出」が必要となる場合が2種類ある。

②その2種類は、各営業所に配置する**「事業用自動車の種別ごとの数」**と**「運行車の数」**の変更である。

　そもそも事業計画の変更については、**原則として、国土交通大臣の「認可」が必要である。「届出」ではない。**

　しかし、一定の場合は「あらかじめの届出」か「事後の届出」でもよい。本試験では、これらの「届出」で足りる場合がよく問われるので、まずは「あらかじめの届出」で足りるケースを確認する。

―「事業計画の変更」の概観―

①**一般貨物自動車運送事業者**（以下「**事業者**」とする）が、その**業務を行う場合**には、**事業計画**に定めるところに**従わなければならない。**

↓

②**事業計画を変更**するとき、**事業者**は原則として、国土交通大臣の**認可を受けなければならない。**

↓

③ただし、**国土交通大臣への届出で足りる**事項がある。

↓

④**届出で足りる事項**には、「**あらかじめ**」の届出が必要なものと、事後に「**遅滞なく**」行えばよいものの2つのケースがある。

↓

⑤「**あらかじめ**」の届出が必要なものは、各営業所に配置する「**事業用自動車の種別ごとの数**」と「**運行車の数**」の変更である。

 予想問題

　一般貨物自動車運送事業者が定める事業計画の変更に関する次の記述のうち、あらかじめ国土交通大臣に届け出なければならないものとして【正しいものを1つ】選びなさい。

1．営業所又は荷扱所の位置の変更（貨物自動車利用運送のみに係るもの及び地方運輸局長が指定する区域内におけるものに限る。）
2．主たる事務所の名称及び位置の変更
3．各営業所に配置する事業用自動車の種別ごとの数の変更
4．営業所又は荷扱所の名称の変更

正解　3

　事業計画の「変更」のうち、**「あらかじめの届出」**が必要となるケースをイメージで覚えるとすれば、**車の数の変更**である。

04 事業計画変更の 届出（事後）

問1

重要度
★★

一般貨物自動車運送事業者が事業計画を変更する際の国土交通大臣への「届出」については、事後に「遅滞なく」届け出れば足りる場合もある。そのポイントとなる事由を確認しよう。

事後に届け出れば足りる事業計画の変更内容

ジュゴンが
（事後の届出）

むしょうに
（主たる事務所）

「名前はイチ！」
（名称及び位置）

事業計画の変更のうち、事後に「遅滞なく」届け出れば足りる場合のうち重要な事由は「主たる事務所の名称及び位置」の変更だ。

速攻攻略!!

①事業計画の「変更」のうち、事後の（遅滞ない）届出で足りる場合が、いくつかある。

②そのうち押さえておきたい事由は、**主たる事務所**の**名称**及び**位置**の変更である。

　事後の届出で足りるケースについては、上記②の**「主たる事務所の名称及び位置」**の変更を押さえれば、試験に対応できる可能性が高い。時間がない場合は、これだけでも押さえて本試験に臨もう。ただし、気になる受験生も多いと思うので、他の事後の届出で足りる事項も紹介する。

── 事後の届出で足りる「事業計画の変更」の事項 ──

①主たる事務所の**名称及び位置**の変更

②営業所又は荷扱所の**名称**の変更

③営業所又は荷扱所の**位置**の変更（貨物自動車利用運送のみに係るもの 及び地方運輸局長が指定する区域内におけるものに限る）

④**業務の範囲**

⑤貨物の保管体制を必要とする場合にあっては、**保管施設の概要**

⑥利用する運送を行う一般貨物自動車運送事業者又は特定貨物自動車運 送事業者の概要

一般貨物自動車運送事業者は、「主たる事務所の名称及び位置」の事業 計画の変更をしたときは、遅滞なくその旨を、国土交通大臣に届け出な ければならない。

正解　正しい

　なお、改めて、「事業計画の変更」の話で意識してほしいことは、**原則 として、国土交通大臣の「認可」が必要である**点だ。しかし、**一定の場合 は、届出でもよい**という話を16ページから見てきた。

　言いたいことは、ここまで見てきた「**届出**」でもよい事由に**当たらない** 「**事業計画の変更**」は、国土交通大臣の「**認可**」が**必要**となるということだ。 以下のような問題も出るので確認しておこう。

一般貨物自動車運送事業者は、「事業用自動車の運転者、特定自動運行 保安員及び運行の業務の補助に従事する従業員の休憩又は睡眠のための 施設の位置及び収容能力」の事業計画の変更をしようとするとき、国土 交通大臣の認可を受けなければならない。

正解　正しい（届出で足りる場合に当たらない）

|05| 事業の許可と運送約款

問1

重要度
★

事業の許可と運送約款については、4回に1回くらいの頻度でセットで出題されることがある。ポイントは「運送約款」で「認可」が必要となる点だ。そのポイントを確認しておこう。

運送約款の認可

「やかん二課」に
（運送約款は認可が必要）

届かない！
（届出ではない）

速攻攻略!!

①一般貨物自動車運送事業を経営しようとする者は、**国土交通大臣の許可を受けなければならない。**国土交通大臣は、**法令で定める許可の基準に適合していない場合、許可ができない。**

②事業者が、貨運法や道交法に基づく命令、処分、許可、認可に付した条件に違反したとき、**国土交通大臣は、事業の許可を取り消すことができる。**また、**6ヵ月以内の期間を定めて、**自動車や輸送施設の使用停止、**事業の全部もしくは一部の停止を命じることもできる。**

③**許可の取消しを受けた者は、**その**取消しの日から5年を経過**しなければ、新たに一般貨物自動車運送事業の**許可を受けることができない。**

④一般貨物自動車運送**事業者は、運送約款を定め、国土交通大臣の認可を受けなければならない。「届出」ではない。運送約款の変更も同様。**

　「約款」とは、**あらかじめ定型的に定められた契約条項**のことだ。運送事業者は、たくさんの人と運送契約を結ぶことになるので、あらかじめ定型的な契約書をつくっておくイメージである。

　この**運送約款は国土交通大臣の「認可」が必要**であり、「届出」ではないことに注意すること。この点について、ヒッカケ問題がよく出る。

予想問題

　一般貨物自動車運送事業に関する次の記述のうち、【正しいものを2つ】選びなさい。なお、解答にあたっては、各選択肢に記載されている事項以外は考慮しないものとする。

1．一般貨物自動車運送事業を経営しようとする者は、国土交通大臣の許可を受けなければならない。

2．一般貨物自動車運送事業の許可の取消しを受けた者は、その取消しの日から1年を経過しなければ、新たに一般貨物自動車運送事業の許可を受けることができない。

3．国土交通大臣は、一般貨物自動車運送事業の許可の申請において、その事業の計画が過労運転の防止その他輸送の安全を確保するため適切なものであること等、法令で定める許可の基準に適合していると認めるときでなければ、その許可をしてはならない。

4．一般貨物自動車運送事業者は、運送約款を定め、又はこれを変更しようとするときは、あらかじめその旨を、国土交通大臣に届け出なければならない。

正解　1と3

　選択肢2について、許可の取消しを受けた者は、その取消しの日から**5年**を経過しなければ、新たに一般貨物自動車運送事業の許可を受けることができない。「1年」という部分が誤っている。

　選択肢4については、**運送約款については「認可」が必要**であり、届出ではない点で誤っている。

　なお、国土交通大臣が運送約款のモデルとして「**標準運送約款**」を公示した場合（変更した場合を含む）で、**事業者が運送約款をこれと同一のものとしたときは、その運送約款は国土交通大臣の認可を受けたものとみなされる**。

┃06 輸送の安全 （貨運法 17 条 1 項）

問 1、問 2

重要度
★

「輸送の安全」といっても、試験で出題される内容は、究極的にはすべて「輸送の安全」を目的にしている。ここでは総論的な規定である貨運法17条1項の出題内容を確認する。

過労運転防止のために事業者が行う措置（一部）

ムキムキが乗る
車の数よ。
（勤務・乗務時間の設定、自動車の数）

うぃ～っすと給・水
（必要となる員数、休憩・睡眠に
　利用できる施設の整備）

過労運転防止のために事業者が行うべき必要な措置は、必要な員数の運転者の確保、休憩や睡眠施設の整備などがある。

 速攻攻略!!

一般貨物自動車運送事業者は、次の事項に関し国土交通省令で定める基準を遵守しなければならない。

①事業用**自動車の数**の確保、

②作業の状況等に応じて**必要となる員数の運転者**やその他の**従業員の確保**、

③運転者が**休憩**や**睡眠**に利用できる**施設の整備・管理**、

④運転者の適切な**勤務時間**及び**乗務時間**の設定、

⑤その他、運転者の**過労運転を防止**するために**必要な事項**、

⑥事業用自動車の**定期的な点検**及び**整備**その他事業用自動車の**安全性を確保**するために必要な事項

　貨運法17条1項は、輸送の安全に関する総則的規定であり、主に穴埋め問題の形で問われる。前ページの「速攻攻略!!」の赤字部分を押さえておけば、試験には対応できるだろう。

予想問題　合格←

貨物自動車運送事業法に定める一般貨物自動車運送事業者の輸送の安全についての次の文中、A、B、C、D、Eに入るべき字句として【いずれか正しいものを1つ】下の選択肢（1〜10）から選びなさい。

　　一般貨物自動車運送事業者は、次に掲げる事項に関し国土交通省令で定める基準を遵守しなければならない。

一　一般貨物自動車運送事業者は、事業用自動車の　A　、荷役その他の事業用自動車の運転に附帯する作業の状況等に応じて　B　運転者及びその他の従業員の確保、事業用自動車の運転者がその　C　のために利用することができる施設の整備及び管理、事業用自動車の運転者の適切な勤務時間及び　D　の設定その他事業用自動車の運転者の　E　するために必要な事項。

1．種　類	2．休息又は睡眠	3．乗務時間
4．休憩又は睡眠	5．数	6．必要となる員数の
7．休息時間	8．必要な資格を有する	
9．安全運転を確保	10．過労運転を防止	

正解　A：5　B：6　C：4　D：3　E：10

　本試験における穴埋め問題は、原則として、4つの　　　　しかない。しかし、上記問題は知識確認のため、5つの　　　　を設けてある。この問題が確実に解けるようになれば、このテーマの出題については対応できるはずだ。

　なお、　C　に入る「休憩又は睡眠」について、2の「休息又は睡眠」と間違ってしまった受験生も少なくないはずだ。運行管理者試験では、1文字違いで正誤が異なる問題が出題されることも珍しくはない。本試験会場では、集中力を切らさずに試験に臨んでほしい。

07 輸送の安全に関する情報公開

問1、問2

重要度
★

一般貨物自動車運送事業者に課せられる輸送の安全にかかわる情報の公開義務は、度々出題されている。ただし、選択肢の1つとして出題されることが多い点で、重要度は低めだ。

輸送の安全に係る処分を受けた際の公開すべき情報内容

勝負を受けたら、
（輸送の安全に係る処分を受けた）

コーチが「そっち！」
（講じた措置、講じようとする措置の内容）

言ったね、勝負の内容も
（インターネットなどで公表、処分の内容）

なお、公表の方法はインターネットに限らず、適切な方法で公表すればよい。

速攻攻略!!

一般貨物自動車運送**事業者等**（以下「事業者等」とする）**は**、国土交通大臣から**輸送の安全に係る処分を受けた**ときは、遅滞なく、

　①当該**処分の内容**、

　②当該処分に基づき**講じた措置**、

　③**講じようとする措置**の内容

を**インターネット**やその他の**適切な方法**により公表しなければならない。

　「輸送の安全に係る処分」とは、貨運法23条（輸送の安全確保の命令）、同法26条（事業改善の命令）、同法33条（許可の取消し等）の規定による処分（輸送の安全に係るものに限る）である。これは覚えていなくても、

試験には対応できる。

一般貨物自動車運送事業者等は、貨物自動車運送事業法の規定に基づく処分（輸送の安全に係るものに限る。）を受けたときは、遅滞なく、当該処分の内容並びに当該処分に基づき講じた措置及び講じようとする措置の内容をインターネットの利用その他の適切な方法により公表しなければならない。

正解　正しい

　前ページで確認したとおり、本問の内容は正しい。基本的には、このような選択肢で出題される。

　なお、ここまでは事業者等が「処分を受けた」場合に、公開すべき情報の話であるが、そもそも事業者等には、**処分を受けたか否かにかかわらず**、毎事業年度の経過後100日以内に、**輸送の安全に関する基本的な方針その他の輸送の安全に係る情報**であって、国土交通大臣が告示で定める事項について、インターネットの利用その他の適切な方法により公表しなければならないという義務もある（安全規則2条の8）。

　そして、この**「国土交通大臣が告示で定める事項」**の内容を問う問題がごく稀に出題されるので、余裕のある人は、以下の内容を確認しておこう。

プラスα　処分を受けていなくても事業者が公表すべき、輸送の安全に関する情報

①輸送の安全に関する**基本的な方針**
②輸送の安全に関する**目標及びその達成状況**
③事故報告規則に規定する**事故の統計**

08 過労運転の防止（運転者等）

問2、問3、問6

重度度
★★★

過労運転の防止は、貨運法分野における最重要テーマの1つだ。貨運法では過労運転を防止するため様々な規定を設けているが、まずは必要な運転者等の数の確保という話をしよう。

事業者等が選任すべき事業用自動車の運転者等

ジョージが選ぶ、
（常時選任）

必要なイス
（必要な員数の事業用自動車の運転者等）

2ヵ月以内は無理
（2月以内の期間を定めて使用される者はダメ）

速攻攻略!!

①一般貨物自動車運送**事業者等**（以下「事業者等」とする）は、事業計画に従い、業務を行うに**必要な員数**の事業用自動車の**運転者又は特定自動運行保安員を常時選任**しておかなければならない。

②選任する**運転者及び特定自動運行保安員は**、日々雇い入れられる者、2月以内の期間を定めて使用される者、試みの使用期間中の者（14日を超えて引き続き使用されるに至った者を除く）**であってはならない。**

　事業者等は、事業計画に従い、業務を行うに**必要な員数**の事業用自動車の運転者等を常時選任しておかなければならない。運転者等の数が不足しないようにすることで、運転者等の過労運転を防止するための規定である。

　この知識は、そのまま穴埋め問題で問われる場合もあるし、選択肢の1つとして問われる場合もある。両方のパターンの予想問題を確認しておこう。

予想問題

　貨物自動車運送事業輸送安全規則に定める貨物自動車運送事業者の過労運転の防止についての次の文中、A、B、C、Dに入るべき字句として【いずれか正しいものを1つ】下の選択肢（1〜8）から選びなさい。

1．一般貨物自動車運送事業者等は、事業計画に従い業務を行うに　A　事業用自動車の運転者（以下「運転者」という。）又は特定自動運行保安員を常時選任しておかなければならない。
2．前項の規定により選任する運転者及び特定自動運行保安員は、　B　者、　C　以内の期間を定めて使用される者又は　D　の者（14日を超えて引き続き使用されるに至った者を除く。）であってはならない。

1．日々雇い入れられる	2．兼業中	3．2年以内の事故惹起
4．2ヵ月	5．試みの使用期間中	
6．必要な員数の	7．3ヵ月	
8．必要な資格を有する		

正解　A：6　B：1　C：4　D：5

予想問題

　一般貨物自動車運送事業者は、事業計画に従い業務を行うに必要な員数の運転者又は特定自動運行保安員を常時選任しておかなければならず、この場合、選任する運転者等は、日々雇い入れられる者、2ヵ月以内の期間を定めて使用される者又は試みの使用期間中の者（14日を超えて引き続き使用されるに至った者を除く。）であってはならない。

正解　正しい

09 過労運転の防止 （施設保守）

問3、問6

重要度
★★★

貨物自動車運送事業者は、乗務員等が利用できる休憩・睡眠施設を整備し、これらの施設の適切な管理と保守が必要である。ここでのキーワードは「保守」である。

休憩・睡眠施設に対する「貨物自動車運送事業者」の義務

授業でおかんむり！
（事業者は休憩・睡眠施設を管理する）

補習せよ！
（保守）

乗務員等が利用できる休憩・睡眠施設に対し、事業者には、その管理と保守が義務づけられる。なお、運行管理者には、これらの施設について、「保守」の義務まではない。

速攻攻略!!

①貨物自動車運送事業者（以下「事業者」とする）は、運転者、特定自動運行保安員及び運行の業務の補助に従事する従業員（乗務員等）が有効に利用できるよう、休憩や睡眠に必要な施設を整備・管理し、保守しなければならない。

②事業者は、これらの施設の整備・管理のみではなく、「保守」についての義務がある（運行管理者には、当該施設の「保守」の義務はない）。

　ここで紛らわしいことは、これらの施設の「管理」は、運行管理者にも義務があり、「保守」の義務まではない。この違いがよく出題されるので、意識しておこう。

◆休憩・睡眠施設に対する「事業者」と「運行管理者」の義務

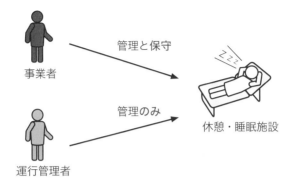

管理と保守

事業者

管理のみ

休憩・睡眠施設

運行管理者

 予想問題

　一般貨物自動車運送事業者は、乗務員等が有効に利用することができるように、休憩に必要な施設を整備し、及び運転者等に睡眠を与える必要がある場合にあっては睡眠に必要な施設を整備し、並びにこれらの施設を適切に管理し、及び保守しなければならない。

正解　正しい

予想問題

　貨物自動車運送事業輸送安全規則に定める貨物自動車運送事業者の過労運転の防止についての次の文中、A、B、C、Dに入るべき字句を答えなさい。

　貨物自動車運送事業者は、運転者、特定自動運行保安員及び事業用自動車の運行の業務の補助に従事する従業員（以下「乗務員等」という。）が有効に利用することができるように、　A　に必要な施設を整備し、及び乗務員等に　B　を与える必要がある場合にあっては　B　に必要な施設を整備し、並びにこれらの施設を適切に　C　し、及び　D　しなければならない。

正解　A：休憩　B：睡眠　C：管理　D：保守
※試験では、記述式問題は出題されません。知識確認用の問題です。

10 過労運転の防止 （勤務・乗務時間）

問3、問6

重要度
★★

少し出題頻度は下がるが、過労運転の防止については、貨物自動車運送事業者の勤務時間・乗務時間の作成についてもよく出題される。ここでも運行管理者の義務とのヒッカケ問題対策が重要だ。

運転者の勤務時間及び乗務時間を定める義務

ご近所タイム！
（勤務・乗務時間）

ぎょうさん！
（事業者）

運転者の勤務時間・乗務時間を定めるのは、貨物自動車運送事業者である。

速攻攻略!!

①貨物自動車運送事業者（以下「事業者」とする）は、休憩・睡眠、勤務終了後の休息の時間が十分に確保されるように、国土交通大臣が告示で定める基準に従い、**運転者の勤務時間及び乗務時間を定めなければならない。**

②「運行管理者」に作成すべき義務があるのは、「事業者」が作成した**勤務時間と乗務時間の範囲内で作成する乗務割**である。

　事業者は、休憩・睡眠・休息の時間が十分に確保されるように、国土交通大臣が告示で定める基準に従って、**運転者の勤務時間及び乗務時間を定めなければならない。** 運転者が十分に休むことができてこそ、過労運転が防止できるからである。

　ここでのポイントは、**運行管理者に作成義務のある乗務割**というものとのヒッカケ問題が出されることだ。この違いは意識しておこう。

「運行管理者」に作成義務がある「乗務割」

①乗務割とは、各運転者が具体的に、いつからいつまで事業用自動車に乗務するのかの割振りである。**運行管理者に作成義務がある。**

↓

②この乗務割は、**事業者が作成した、運転者の勤務時間及び乗務時間の範囲内で作成する。**

↓つまり、

③**運転者の勤務時間及び乗務時間**については、**運行管理者に作成義務はない。**

一般貨物自動車運送事業の運行管理者は、休憩又は睡眠のための時間及び勤務が終了した後の休息のための時間が十分に確保されるように、国土交通大臣が告示で定める基準に従って、運転者の勤務時間及び乗務時間を定め、当該運転者にこれらを遵守させなければならない。

正解 誤 り

運転者の勤務時間及び乗務時間を定める義務があるのは、**事業者**である。この話は「事業者」の義務として適切か？…という形よりも、**「運行管理者」の義務として適切か？**…という形での出題が多い。

貨物自動車運送事業者は、休憩又は睡眠のための時間及び休息のための時間が十分に確保されるように、国土交通大臣が告示で定める基準に従って、事業用自動車の運転者の勤務時間及び乗務時間を運行管理者に定めさせなければならない。

正解 誤 り

運転者の勤務時間及び乗務時間を定める義務があるのは、**事業者（自身）**である。

11 過労運転の防止 （運行の業務禁止等）

問3、問6、問7

重要度
★★★

貨物自動車運送事業者は、安全な運転ができない危険性のある乗務員等を事業用自動車の運行の業務に従事させてはならない。当然の規定だが、この辺の規定はよく出題される。

事業者による乗務員等の業務禁止

重鎮ダメです！
（運行業務に従事させてはならない）

アンコールできません！
（安全に運行業務ができない乗務員等）

貨物自動車運送事業者は、安全に運行の業務が遂行できないおそれがある乗務員等を事業用自動車の運行の業務に従事させてはならない。

速攻攻略!!

①貨物自動車運送事業者は、**乗務員等の健康状態の把握に努め**、酒気を帯びた状態にある乗務員等はもちろん、疾病、疲労、睡眠不足その他の理由により安全に運行の業務が遂行、又はその補助をすることができないおそれがある乗務員等を事業用自動車の運行の業務に従事させてはならない。
②なお、**この義務は、運行管理者にもある。**

　これは輸送の安全を図るための当然の規定であり、運転者や特定自動運行保安員だけではなく、補助者に対してもこの規定は適用される。

　また、これから業務を開始する場合ではなく、**長距離運転等の途中**で安全な運転ができなくなるおそれがある場合についても規定がある。

　一般貨物自動車運送事業者等は、運転者が**長距離運転又は夜間の運転**に従事する場合であって、**疲労等により安全な運転を継続することができな**

いおそれがあるときは、あらかじめ交替するための**運転者を配置**しておか
なければならない（安全規則３条７項）。

長距離運転等で安全な運転が継続できないおそれがある場合

あら…この配置は、
（あらかじめ交替する運転者を配置）
チョー安定しない！
（長距離運転等で安全な運転が継続できない）
長距離運転等で安全な運転が継続できないおそれ
がある場合、あらかじめ交替するための運転者を
配置しておく。

 **予想問題**

一般貨物自動車運送事業者（以下「事業者」という。）の過労運転の防
止に関する次の文中、A、B、C、Dに入るべき字句の組合せとして【正
しいものを１つ】選びなさい。

　事業者は、乗務員等の｜　A　｜に努め、疾病、疲労、睡眠不足その他の
理由により｜　B　｜し、又はその補助をすることができないおそれがある
乗務員等を事業用自動車の運行の業務に従事させてはならない。
　また、事業者は、運転者が長距離運転又は｜　C　｜に従事する場合であっ
て、疲労等により｜　D　｜することができないおそれがあるときは、あら
かじめ、当該運転者と交替するための運転者を配置しておかなければな
らない。

	A	B	C	D
1.	健康状態の把握	効率的な輸送	長時間の連続運転	安全な運転を継続
2.	生活習慣の把握	安全に運行の業務を遂行	夜間の運転	道路交通法令を遵守
3.	健康状態の把握	安全に運行の業務を遂行	夜間の運転	安全な運転を継続
4.	生活習慣の把握	効率的な輸送	長時間の連続運転	道路交通法令を遵守

正解　3

12 特別積合せ貨物運送の運行業務

問6

重要度
★

過労運転の防止対策の1つとして、特別積合せ貨物運送を行う一般貨物自動車運送事業者に対する特別な義務がある。出題頻度は低いが、知らないと対応できないので確認しておこう。

特別積合せ貨物運送における事業者の運行業務

とっくに罪びと、
（特別積合せ貨物運送の事業者）

100キロオーバー
（100kmを超えるものごとに）

基準を定めよ
（運行業務基準を定める）

速攻攻略!!

①**特別積合せ貨物運送**とは、事業所間の荷物の運送等を行うもの。
ちなみに、これは「貨物自動車運送事業」に含まれない（p.12参照）。

②この運送を行う一般貨物自動車運送**事業者は**、当該運送に係る運行系統であって、**起点から終点までの距離が100キロメートルを超えるものごとに**、事業用自動車の**運行業務に関する基準を定める**。

③さらに、当該基準の遵守について、**乗務員等に対する適切な指導及び監督**を行わなければならない。

　試験ではあまり見かける言葉ではないので、「特別積合せ貨物運送」という言葉が出てくると、焦ってしまうかもしれない。しかし、ポイントは「起点から終点までの距離が100キロメートルを超えるものごと」という点であり、この数値を変えるヒッカケ問題が出る。

なお、下記の具体的な基準の内容は、余力があれば覚える程度で大丈夫である。下の予想問題のように、問題文中に出てくることはあるが、ここでヒッカケてくる問題は出ないからだ。

プラスα 特別積合せ貨物運送における事業用自動車の運行業務基準（参考）

特別積合せ貨物運送を行う一般貨物自動車運送事業者は、当該運送に係る運行系統であって、起点から終点までの距離が**100キロメートル**を超えるものごとに、以下の事業用自動車の運行業務基準を定める。

①主な地点間の運行時分及び平均速度
②乗務員等が休憩又は睡眠をする地点及び時間
③交替するための運転者を配置する場合は、運転を交替する地点

 予想問題

特別積合せ貨物運送を行う一般貨物自動車運送事業者は、当該特別積合せ貨物運送に係る運行系統であって起点から終点までの距離が150キロメートルを超えるものごとに、①主な地点間の運行時分及び平均速度②乗務員等が休憩又は睡眠をする地点及び時間　③交替するための運転者を配置する場合にあっては、運転を交替する地点について事業用自動車の運行業務に関する基準を定めなければならない。

正解　誤　り

本問の「150キロメートル」という部分は「100キロメートル」が正しい。その他の記述に誤りは**ない**。

ちなみに、本問に限った話ではなく、法令の条文や参考書などで、**数字（数値）が出てきた場合**は、数字部分を変えて、誤った選択肢とする問題がよく出る。出題者もつくりやすいのだろう。

日頃から参考書などで、**数字（数値）を目に**した場合、意識的に、また、正確に覚える意識を持って学習しよう。

| 13 | 過積載の防止（総論）

問8

重要度
★★

輸送の安全を図る規定のなかには、自動車の最大積載量を超える積載（過積載）による運送の防止に関する規定がある。様々な規定があるが、まずは総論的な規定の知識を確認しておこう。

過積載に関する運送の指示等の禁止

一般人、
（一般貨物自動車運送事業者）

化石引受け計画の
（過積載に関する運送の引受け、
　運行計画の作成、）

指示はできない
（運送の指示、してはならない）

速攻攻略!!

①一般貨物自動車運送**事業者は、過積載による運送の引受け、過積載による
運送を前提とする運行計画の作成、運転者等に対する過積載による運送の
指示をしてはならない。**
②貨物自動車運送**事業者は、過積載による運送の防止について、運転者等に
対する適切な指導及び監督を怠ってはならない。**

　右ページの予想問題のように、上記①と②の内容がそのまま提示される
選択肢が度々出題されている。意地悪な問題ではない限り、その適否は常
識的な感覚で判断できるはずだ。

　また、過去問を見る限り、選択肢の1つとしての出題ばかりである。

予想問題

1．一般貨物自動車運送事業者は、過積載による運送の引受け、過積載による運送を前提とする事業用自動車の運行計画の作成及び事業用自動車の運転者その他の従業員に対する過積載による運送の指示をしてはならない。

2．一般貨物自動車運送事業者は、過積載による運送の防止について、運転者、特定自動運行保安員その他の従業員に対する適切な指導及び監督を怠ってはならない。

正解　1　正しい　2　正しい

プラスα「事業者」の定義のおさらい

前ページの「速攻攻略!!」の①と②では、厳密に言えば主体が異なる。15ページにおいて、あまり気にする必要はないと述べたが、気になった人のためもう一度、「貨物自動車運送事業者」と「**一般貨物自動車運送事業者**」等の違いをおさらいしておく。「貨物自動車運送事業（者）」は、「一般貨物自動車運送事業（者）」等を含む関係にあり、結果として、「**貨物自動車運送事業者**」に対する義務規定は、「**一般**」「**特定**」「**貨物軽自動車**」という3つの事業者にも**適用**される。

■ 貨物自動車運送事業の定義のまとめ ■

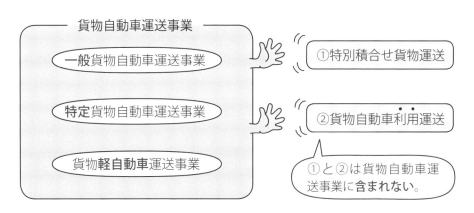

14 過積載の防止（貨物の積載）

問5、問8

重要度
★★

貨物の積載方法は、近年頻繁に出題されるようになったテーマの1つである。ポイントは2つであるが、これらの知識が正解肢になることも多い。確実に押さえておくこと。

貨物の積載方法

変化ない果汁
（偏荷重が生じないようにする措置）

すべてに通ずる
（全事業用自動車に対して講ずる）

 速攻攻略!!

貨物自動車運送事業者は、事業用自動車に**貨物を積載**するとき、

①**偏荷重が生じない**ように積載する。

②貨物が運搬中に**落下することを防止**するため、貨物に**ロープ又はシート**を掛けることなど、**必要な措置**を講ずる。

③これらの措置は、**全事業用自動車**に対して講ずる（限定**されない**）。

④これらの措置について、**運行管理者にも義務がある**（従業員に対する指導及び監督という形）。

　上のゴロ合わせには、貨物が**落下しない**ように**必要な措置**を講ずる話が抜けているが、「貨物の落下を防ぐ」という当然の措置に関する問題が出されても、間違うことはないであろう（しかも、あまり出題されない）。

　ここでのポイントは、上記①の偏荷重が生じないように**積載**することと、**これらの措置がすべての事業用自動車に対して講ずべき**措置であるという点である。

一般貨物自動車運送事業者は、事業用自動車に貨物を積載するときに偏荷重が生じないように積載するとともに、運搬中に荷崩れ等により事業用自動車から落下することを防止するため、貨物にロープ又はシートを掛けること等必要な措置を講じなければならないとされている。この措置を講じなければならないとされる事業用自動車は、車両総重量が8トン以上又は最大積載量が5トン以上のものに限られる。

正解　誤　り

　上記問題はこのテーマのポイントが凝縮されている。まず、**貨物の積載**について**偏荷重が生じないようにすること**と、**運搬中に貨物が落下しないよう、必要な措置を講じなければならない**とする前半は正しい。

　しかし、**これらの措置を講じなければならないとされる事業用自動車に**ついての**限定はない**。つまり、後半が誤っている。

荷主から工作機械の運送依頼があり、これを受けて運行管理者が当該工作機械を事前に確認したところ、当該工作機械は、配車予定の事業用トラックの荷台に比べて、サイズは小さいものの相当な重量物であることが判明した。そこで、当該運行管理者は、運送を担当する運転者に対し、発進時や制動時等において、当該工作機械が移動や転倒をしないように確実な固縛を行うため、重心が荷台の前方になるが、荷台の最前部に積載し固縛のうえ、走行速度を抑える等の注意をして、運行するよう指導した。当該運行管理者の対応が適切か答えなさい。

正解　不適切

　本問は、「実務上の知識及び能力」の分野で出題された問題を素材としている。**重心が荷台の前方**になるような積載方法は、**偏荷重が生じる**ため、**適切ではない**。なお、本問は事業者ではなく、「運行管理者」の対応が問題となっているが、運行管理者にも、従業員への指導・監督を行うという形で同様の義務がある。

15 安全管理規程と運行管理規程

問1〜問3

重要度
★

名前が似ている「安全管理規程」と「運行管理規程」をセットで確認しておく。ともに選択肢の1つとして問われるくらいで重要度は低いが、押さえておいて損はない。

安全管理規程と運行管理規程

G餃子づくり
（事業者(等)が定める）

暗・雲きている
（安全管理規程と運行管理規程）

「安全管理規程」と「運行管理規程」は、事業者(等)が定める。

速攻攻略!!

①国土交通省令が定める一定規模以上の一般貨物自動車運送事業者(以下「事業者」とする)は、**安全管理規程**を定めて、国土交通大臣に届け出なければならない。これを変更しようとするときも届け出る。

②一般貨物自動車運送事業者等(以下「事業者等」とする)は、運行管理者（統括運行管理者を含む）の職務及び権限、運行の安全確保に関する業務の処理基準として、**運行管理規程**を定めなければならない。

　安全管理規程とは、貨運法16条に規定され、**輸送の安全**を確保するための事業の運営方針や**管理体制**などを定めるものである。近年出題されはじめた知識であり、細かい内容は出題されないと予想するので、上記内容を押さえておけば、試験には対応できるはずだ。

また、安全管理規程と似ている規程として、**「運行管理規程」**もセットで押さえておこう。ちなみに、そもそも「規程」とは、個々の規定の「全体（まとまり）」を指す言葉である。試験対策上は、この違いを気にする必要はない。

一般貨物自動車運送事業者（その事業の規模が国土交通省令で定める規模未満であるものを除く。）は、安全管理規程を定め、国土交通省令で定めるところにより、国土交通大臣に届け出なければならない。これを変更しようとするときも、同様とする。

正解　正しい

一般貨物自動車運送事業者等は、運行管理者の職務及び権限、統括運行管理者を選任しなければならない営業所にあってはその職務及び権限並びに事業用自動車の運行の安全の確保に関する業務の処理基準に関する規程（運行管理規程）を定めなければならない。

正解　正しい

貨物自動車運送事業者の運行管理者は、運行管理規程を定め、かつ、その遵守について運行管理業務を補助させるため選任した補助者及び運転者に対し指導及び監督を行わなければならない。

正解　誤　り

　運行管理規程を定める義務があるのは、**事業者**等であり、運行管理者に運行管理規程を定める義務は**ない**（安全規則21条）。

16 運行管理者の選任等

問2、問8、問25〜問27

重要度
★★

運行管理者の選任については、選任すべき運行管理者の数の計算方法を覚えるのが1つのポイントだ。難しい計算ではないので、問題を解きながら慣れてしまおう。

統括運行管理者の選任

複数の管理者が叫ぶ
（複数の運行管理者を選任した場合）

「トンカツ仙人！」
（統括運行管理者を選任）

複数の運行管理者を選任する事業者は、統括運行管理者を選任する。

 速攻攻略!!

①一般貨物自動車運送**事業者**（以下「事業者」とする）は、運行管理者資格者証の交付を受けている者のうちから、各営業所において、法令で定められた数以上の運行管理者を選任しなければならない。

②事業者は、運行管理者に対して、事業用自動車の**運行の安全の確保**に関する業務を行うため**必要な権限**を与えなければならない。

③1つの営業所で複数の運行管理者を選任する事業者は、統括運行管理者も選任しなければならない。

　上記③に関して、**統括運行管理者**は、複数の運行管理者の業務を取りまとめる役割を有する者である。

　そして、上記①に関して、「**法令で定められた数以上**」の運行管理者を選任する際の**計算方法**であるが、これは次の方法で算出する。

■ 運行管理者選任数の計算方法 ■

$$\frac{(その営業所で管理している事業用自動車の台数 - 被けん引自動車の台数)}{30} + 1$$

＊1未満の端数は切り捨て

なお、**5両未満の事業用自動車の運行を管理する営業所**で、地方運輸局長がその事業用自動車の種別や、地理的条件などを勘案して、事業用自動車の**運行の安全の確保に支障を生ずるおそれがないと認めるもの**については、**運行管理者**を選任しないことも認められる。

選任すべき運行管理者数の計算方法

営業用ダイスが
（営業所で管理する自動車の台数）

轢かれた経緯。
（被けん引自動車の台数を引いて）

ワル30人プラスワン
（割る30で、1を足す）

　営業用のダイス（サイコロ）が、何かに轢かれて粉々になってしまった。その経緯をたどると…というゴロ合わせだ。最後の「**＋1（プラスワン）**」は忘れがちなので注意すること！

　なお、上記の計算を行った後、**1未満の端数**が出てしまった場合は、その小数点以下の数値は、**切り捨てる**という点も覚えておくこと。

 予想問題

　一般貨物自動車運送事業者は、運行管理者資格者証の交付を受けている者のうちから、運行管理者を選任し、当該運行管理者に対し事業用自動車の運行の安全の確保に関する業務を行うため必要な権限を与えなければならない。

　　　　　　　　　　　　　　　　　　　　　　　　　　　正解　正しい

一般貨物自動車運送事業者は、一の営業所において複数の運行管理者を選任する場合は、運行管理者の業務を統括する運行管理者（統括運行管理者）を選任しなければならない。

正解　正しい

一般貨物自動車運送事業者は、事業用自動車（被けん引自動車を除く。）の運行を管理する営業所ごとに、当該営業所が運行を管理する事業用自動車の数を30で除して得た数（その数に１未満の端数があるときは、これを切り捨てるものとする。）に１を加算して得た数以上の運行管理者を選任しなければならない。

正解　正しい

　すぐ上の問題について、前ページの計算式が法律の文章になると、このような表現になる。つまり、**計算式の「－被けん引自動車の台数」**という部分は、**「（被けん引自動車を除く。）」**と表現されるし、**「＋１」**という部分は、**「１を加算」**という表現になる。

　では、"実際の計算"が試されるタイプの問題も確認してみよう。ちなみに、この手のタイプの問題は、「実務上の知識及び能力」の分野で出題されることが多い。

一般貨物自動車運送事業者は、120両の事業用自動車（うち、被けん引自動車０両）の運行を管理し、現在５名の運行管理者が選任されている営業所において、70両（うち、被けん引自動車20両）増車する場合には、運行管理者を１名以上追加選任しなければならない。

正解　正しい

　本問では、もともと120両の事業用自動車があり、そこに70両の増車を
することで、合計190両の事業用自動車を有することになる。そして、被
けん引自動車の合計は 0 ＋20＝20両なので、これを引くと、190－20＝170
両に対して、30で割った数（端数は**切り捨て**）に、＋ 1 が選任すべき運行
管理者の数である。最後の**プラスワン**は忘れないように。

　つまり、170÷30＋ 1 ＝6.6666…となり、端数は**切り捨てる**ので、選任
すべき運行管理者の数は 6 名となる。

　本問では、すでに 5 名の運行管理者が選任されている以上、追加すべき
運行管理者は 1 名で足りる。

　一般貨物自動車運送事業者は、運行車（特別積合せ貨物運送に係る運行
系統に配置する事業用自動車）20両（うち、被けん引自動車 0 両）の運
行を管理する営業所では、運行管理者を 1 名以上選任しなければならな
い。

正解　正しい

　本問では「（特別積合せ貨物運送に係る運行系統に配置する事業用自動
車）」という部分で悩む人がいるかもしれないが、事業用自動車に変わり
はない。

　また、算出しようとすると、20÷30＝0.6666…となる点も悩むかもしれ
ないが、「0.6666…」の最後に＋ 1 をすればよいだけだ。最後の**プラスワ
ン**は忘れてはならない。そして、端数は**切り捨てる**ので、選任すべき運行
管理者の数は 1 名以上で足りる。

17 補助者の選任

問3、問6、問8

重要度
★★

最近、補助者に関する問題の出題頻度は上がっている。基本的には、選択肢の1つとして出題されることが多いが、正解肢となることもある。難しい内容ではないので、しっかりと押さえておこう。

補助者の選任要件

赤シート持って、
（運行管理者資格者証を有する者）

今週集合！
（講習受講者）

人助けできる
（補助者として選任できる）

運行管理者資格者証を有する者か、一定の基礎講習の受講修了者から、補助者を選任することができる。

速攻攻略!!

①**補助者**とは、**運行管理者の業務を補助**する者である。

②一般貨物自動車運送**事業者等は、運行管理者資格者証**を有する者か、国土交通大臣が認定する**基礎講習の受講を修了**した者のうちから、**補助者を選任することができる。**

→運行管理者には、補助者の選任義務が**ない**。

③選任する**補助者**について、**実務経験は不要**である。

　上記①～③の内容は読めばわかると思うが、③の選任する補助者については、実務経験が不要である点は、注意しておこう。

一般貨物自動車運送事業者は、法令に規定する運行管理者資格者証を有する者又は国土交通大臣が告示で定める運行の管理に関する講習であって国土交通大臣の認定を受けたもの（基礎講習）を修了した者のうちから、運行管理者の業務を補助させるための者（補助者）を選任することができる。

正解　正しい

一般貨物自動車運送事業者は、法令に規定する運行管理者資格者証を有する者、事業用自動車の運行の安全の確保に関する業務について5年以上の実務の経験を有する者又は国土交通大臣が告示で定める運行の管理に関する講習であって国土交通大臣の認定を受けたもの（基礎講習）を修了した者のうちから、運行管理者の業務を補助させるための者（補助者）を選任することができる。

正解　誤　り

　補助者は、「運行管理者資格者証を有する者」か「基礎講習を修了した者」から選任しなければならない。「5年以上の実務の経験を有する者」から選任することができるという部分が誤っている。

　なお、42ページで触れたように「運行管理者」は、運行管理者資格者証（以下「資格者証」とする）の交付を受けている者のうちから選任する。

　この資格者証は、運行管理者試験の合格者のほか、一般貨物自動車運送事業者等の事業用自動車の**運行管理に関し5年以上の実務経験**を有し、その間に、**国土交通大臣が告示で定める講習で国土交通大臣の認定を受けたものを5回以上受講した者に交付される。**

　つまり、「運行管理者資格者証」を得るには、皆さんのように試験に合格する方法のほかに、一定の「**実務経験＋講習受講**」というルートも存在する。この知識との混同を誘うのが、上記の問題である。

18 業務前の点呼

問4、問24～問27

── 重要度 ──
★★★

点呼は、運行管理者の業務や事故報告規則と並ぶ超重要テーマの1つである。「業務前」、「業務後」、「中間（業務中）」という時間の流れで区切り、1つずつ確認していこう。

業務前点呼で行うことと日常点検

方・角・指示した
（一定事項の報告を求め、確認を運行の安全のために必要な指示）

よ～なのに
（道路運送車両法47条の2による日常点検）

速攻攻略!!

業務前の点呼について、

① 貨物自動車運送**事業者**（以下「事業者」とする）は、運転者等に、**対面又は対面による点呼と同等の効果を有するものとして国土交通大臣が定める方法**により点呼を行い、②の**事項**について、**報告を求め、及び確認を行い、運行の安全確保のために必要な指示**を与えなければならない。

② 確認等が必要な事項は、運転者に対しては、**酒気帯び、疾病、疲労、睡眠不足**その他の理由により**安全な運転をすることができない**おそれの有無、運転者等に対しては、**道路運送車両法47条の2第1項及び第2項の規定による日常点検の実施又はその確認**。特定自動運行保安員に対しては、特定自動運行事業用自動車による運送を行うために必要な自動運行装置の設定の状況に関する確認。

③ 輸送の安全の確保に関する取組みが優良である営業所で、事業者が点呼を行う場合は、対面ではなく、**国土交通大臣が定めた機器によるIT点呼を行**

うことができる。

④さらに、**輸送の安全の確保に関する取組みが優良である営業所「以外」**でも、一定の要件を満たすことで、IT機器を用いた**「遠隔点呼」も可能**。

→「IT点呼」よりシステム等の要件が厳しいものとイメージすればよい。

→ **「IT点呼」**と**「遠隔点呼」**は、**対面**による点呼として扱われる。

⑤運行上やむを得ない場合は、対面ではなく、**電話その他の方法**による点呼も可能。

⑥点呼については、**運行管理者**にも事業者と同じ義務がある。

　まず、①の点呼の際に行う**事項は必須**の知識である。報告を求めること、確認をすること、必要な指示を行うことである。

　そして、**これらを"何について"行うのかが②の話**だ。酒気帯び、疾病、疲労、睡眠不足等についてはイメージしやすいだろう。しかし、**道路運送車両法47条の2の規定に基づく（日常）点検の実施又は確認**については忘れやすいので、ゴロ合わせに入れておいた。

ONE POINT!! ちょこっとコメント

　試験対策上、通常は「道路運送車両法47条の2」といった条文番号を覚えておいても意味はない。しかし、試験問題が条文の規定どおりの形で出題される関係上、ここは「**（日常）点検**」と覚えておくよりも、「**道路運送車両法47条の2」の（日常）点検**…と覚えていたほうが解答しやすい。

　また、ここは「**日常**」という点も重要だ。車両法で規定される点検には、「**日常**」点検と「**定期**」点検があり、**この2つは異なる**。「**日常**」点検は、**1日1回又は必要に応じて行うもの**、「**定期**」点検は、**3ヵ月に1回、国土交通省令で定める基準によって行うもの**で、**車両法48条**に基づく。

　そして、「速攻攻略!!」⑤について、「**運行上やむを得ない場合**」は、対面ではない**電話等の方法での点呼が認められる**。どのような場合に認められるのかは、遠隔地で乗務が開始・終了するため、**どうにも対面の点呼が実施できない場合**と覚えておけば試験は対応できよう。

電話等の点呼ができる「やむを得ない場合」

遠い地ではじまり、
（遠隔地で業務が開始）

遠い地で終わる電話。
（遠隔地で業務が終了する場合、
電話等の点呼が可能）

次の記述のうち、貨物自動車運送事業者の事業用自動車の運転者等に対する業務前の点呼（運転者の所属する営業所において対面で行うものに限る。）において、運行管理者が法令の定めにより実施しなければならない事項として【誤っているものを1つ】選びなさい。

1. 運転者に対しては、「疾病、疲労、睡眠不足その他の理由により安全な運転をすることができないおそれの有無」について報告を求め、確認を行う。
2. 「道路運送車両法第47条の2第1項及び第2項の規定による点検（日常点検）の実施又はその確認」について報告を求め、及び確認を行う。
3. 「貨物の積載重量及び貨物の積載状況」の報告を求め、及び確認を行う。
4. 「事業用自動車の運行の安全を確保するために必要な指示」をする。

正解　3

　本問の主体は「運行管理者」となっているが、**点呼については、事業者も運行管理者も同じ義務**がある（安全規則7条、20条1項8号）。よって、主体が誰であるかは気にせずに、点呼事項等を覚えておけばよい。

　本問については、選択肢3の「貨物の積載重量及び貨物の積載状況」の確認等は、業務前の点呼の実施事項には**ない**。

18

業務前の点呼

貨物自動車運送事業者の事業用自動車の運転者等に対する業務前の点呼は、対面又は対面による点呼と同等の効果を有するものとして国土交通大臣が定める方法（運行上やむを得ない場合は電話その他の方法）により行い、①運転者に対しては、酒気帯びの有無、②運転者に対しては、疾病、疲労、睡眠不足その他の理由により安全な運転をすることができないおそれの有無、③道路運送車両法の規定による定期点検の実施又はその確認、④特定自動運行保安員に対しては、必要な自動運行装置の設定の状況の確認について報告を求め、及び確認を行い、並びに事業用自動車の運行の安全を確保するために必要な指示を行わなければならない。

正解　誤り

本問は、どこが誤っているのかと言えば、③の「定期点検」という部分だ。ここは「日常」点検である。難しい問題だが、実際に同様の問題が出題されたことがあるので、注意しておこう。

貨物自動車運送事業者の事業用自動車の運転者等に対する業務前の点呼について、運行上やむを得ない場合は、電話その他の方法により点呼を行うことができるが、営業所と当該営業所の車庫が離れている場合は、運行上やむを得ない場合に該当しないので、対面又はそれと同等の効果を有する方法により点呼を行わなければならない。

正解　正しい

なお、その他、乗務の開始が「早朝・深夜等で、点呼執行者が営業所に出勤していない場合」も、運行上やむを得ない場合に該当しないので、対面又はそれと同等の効果を有する方法により点呼を行わなければならない。深夜や早朝であっても、出勤して対面で点呼を行うべきであるからだ。

19 業務後の点呼

問4

重度度
★★★

ここでは「業務後」の点呼について確認する。報告を求める事項と、確認を求める事項を覚えておけば対応できる。「業務前」の点呼と異なる部分を意識しながら確認していこう。

業務後の点呼で、報告を求め、確認する事項

車・道にウンコと酒
（事業用自動車、道路と
運行の状況、酒気帯びの有無）

後退を通告！
（運転交替の場合、
法令による通告内容）

速攻攻略!!

業務後の点呼について、

①貨物自動車運送**事業者**（以下「事業者」とする）は、運転者等に対し、**対面又は対面による点呼と同等の効果を有するものとして国土交通大臣が定める方法により点呼を行い**、②の事項の報告を求め、運転者に対しては、酒気帯びの有無を確認しなければならない。

②**報告を求める事項**は、以下の**4つ**

　ア　当該業務に係る事業用**自動車**の**状況**

　イ　**道路**の**状況**　　ウ　**運行**の**状況**

　エ　他の運転者等と運転等を**交替**した場合、安全規則3条の2第4項4号、17条4号で規定される**交替**に関する**通告**について

　→「業務前」のように、**疾病、疲労、睡眠不足や日常点検**についての報告の求めは**不要**。

「業務後」の点呼については、**報告を求めなければならない4つの事項**と、1つの確認事項（酒気帯びの有無のみ）を押さえていればよい。

なお、「業務前」と同様の要件で、「**業務後**」も**IT点呼等**が認められるが、業務後のIT点呼はあまり出題されないので、気にする必要はない。さらに、「業務後」についてはロボット等を用いた「業務後自動点呼」という点呼も認められている。

> 貨物自動車運送事業の事業用自動車の運転者等に対する業務終了後の点呼においては、「道路運送車両法第47条の2第1項及び第2項の規定による点検（日常点検）の実施又はその確認」について報告を求め、及び確認を行う。

正解 誤 り

日常点検の実施又は確認については、業務前の点呼の確認事項等であり、業務終了後の点呼の確認事項ではない。

> 貨物自動車運送事業の事業用自動車の運転者等に対する点呼についての次の文中、A、Bに入るべき字句として【いずれか正しいものを1つ】選びなさい。
>
> 　貨物自動車運送事業者は、事業用自動車の業務を終了した運転者等に対し、対面又は対面による点呼と同等の効果を有するものとして国土交通大臣が定める方法により点呼を行い、当該業務に係る事業用自動車、道路及び　A　並びに他の運転者等と交替した場合にあっては法令の規定による　B　について報告を求め、かつ運転者に対しては酒気帯びの有無について確認を行わなければならない。
>
> A　1．運行の状況　　2．貨物の積載状況
> B　1．通告　　　　　2．業務する運転者の健康状態

正解　A：1　B：1

20 中間点呼

問4、問24～問27

重要度
★★★

いわゆる「中間点呼」は、業務前と業務後のいずれも対面（IT点呼等を含む）で点呼を行うことができない場合に行うものである。「業務前」、「業務後」の点呼とセットで出題されることが多い。

中間点呼の確認等事項

途中、眠らず手記を書く
（中間点呼、睡眠不足、酒気帯びの有無）

疲れて、しっぺい！
（疲労、疾病の有無）

速攻攻略!!

①中間点呼とは、**業務前と業務後のいずれも対面又は対面による点呼と同等の効果を有するものとして国土交通大臣が定める方法による点呼（IT点呼等を含む）ができない場合**に、**業務途中に少なくとも1回**、電話その他の方法により行うものである。

②点呼の際に行うことは、**報告**を求める、**確認**、事業用自動車の運行の安全を確保するための**必要な指示**である。

③確認等を行う内容は、**酒気帯び、疾病、疲労、睡眠不足**その他の理由により安全な運転をすることができないおそれの有無についてである。

　→「業務前」のように、日常点検についての報告の求めは**不要**。

　「中間点呼」については、**業務前と業務後の「いずれも」対面又は対面による点呼と同等の効果を有するものとして国土交通大臣が定める方法の**

点呼ができない場合に行うこと（＝一方でも対面の点呼ができれば不要）と、**確認等の事項（日常点検が含まれない）**ことを押さえていればよい。

予想問題　合格↲

貨物自動車運送事業者は、事業用自動車の運転者等に対する業務前及び業務後の点呼のいずれも対面又は対面による点呼と同等の効果を有するものとして国土交通大臣が定める方法で行うことができない業務を行う運転者等に対しては、業務前及び業務後の点呼の他に、当該業務途中において少なくとも1回電話等により点呼（中間点呼）を行わなければならない。当該点呼では、業務に係る事業用自動車の法令に定める点検（日常点検）の実施又はその確認についての報告を求めなくてはならない。

正解　誤り

　日常点検の実施又は確認については、中間点呼の確認事項ではない。結局のところ、日常点検の実施又は確認については、**業務前の点呼において**しか求められていない。

予想問題　合格↲

貨物自動車運送事業者は、2日間にわたる運行（1日目の業務が営業所以外の遠隔地で終了し、2日目の業務開始が1日目の業務を終了した地点となるもの。）については、1日目の業務後の点呼及び2日目の業務前の点呼のいずれも対面で行うことができないことから、2日目の業務については、業務前の点呼及び業務後の点呼（業務後の点呼は対面で行う。）のほかに、当該業務途中において少なくとも1回電話その他の方法により点呼（中間点呼）を行わなければならない。

正解　誤り

　本問は少し難しい。問われているのは、2日目の業務について、中間点呼が必要かという点だが、2日目の業務後は、出発した営業所に戻ってきているはずなので、対面での点呼が可能であり、**業務前と業務後の「いずれも」**対面等の点呼が**できない場合に該当しない。**つまり、2日目の業務について、中間点呼は**不要**である。

21 点呼に使用する アルコール検知器

問 4

重要度

★★★

「業務前」、「業務後」、「中間点呼」の確認事項で共通するのは、酒気帯びの有無である。アルコール検知器に関する問題は、「業務前」、「業務後」の点呼とセットで出題されることが多い。

点呼に使うアルコール検知器

歩こう
（アルコール検知器）

ジョージ！ユウコ！
（常時有効に保持）

よく見なさい！
（目視等でも確認）

速攻攻略!!

①貨物自動車運送事業者（以下「事業者」とする）は、各点呼における酒気帯びの有無について確認を行うため、国土交通大臣が告示で定める**アルコール検知器を営業所ごとに備え、常時有効に保持**しなければならない。

②各点呼における酒気帯びの有無についての確認は、**当該運転者の属する営業所に備えられた**アルコール検知器を用いて行わなければならない。

③各点呼における酒気帯びの有無についての確認は、アルコール検知器の使用のみならず、**運転者の状態を目視等でも確認**する。

→**必ずアルコール検知器と目視等での２つの方法**による確認が必要。

　点呼におけるアルコール検知器に関する知識は、上記の①～③を押さえておけば試験で対応できるはずだ。

点呼に使用するアルコール検知器

予想問題

貨物自動車運送事業者の事業用自動車の運転者に対する点呼に関して、業務終了後の点呼における運転者の酒気帯びの有無については、当該運転者からの報告と目視等による確認で酒気を帯びていないと判断できる場合は、アルコール検知器を用いての確認は実施する必要はない。

正解　誤り

点呼における酒気帯びの有無の確認は、**必ずアルコール検知器**と**目視等での2つの方法**による確認が必要である。

予想問題

貨物自動車運送事業者の事業用自動車の運転者に対する点呼に関して、運転者が所属する営業所において、アルコール検知器により酒気帯びの有無について確認を行う場合には、当該営業所に備えられたアルコール検知器を用いて行わなければならないが、当該アルコール検知器が故障等により使用できない場合は、当該アルコール検知器と同等の性能を有したものであれば、当該営業所に備えられたものでなくてもこれを使用して確認することができる。

正解　誤り

事業者は、各点呼における酒気帯びの有無について確認を行うため、国土交通大臣が告示で定めるアルコール検知器を営業所ごとに備えて、**常時有効に保持**しなければならない。そもそも、「アルコール検知器が故障等により使用できない」時点で、常時有効に保持しなければならないという規定に違反している。

　また、この確認は、**当該運転者の属する**営業所に備えられた**アルコール検知器を用いて行わなければならない**ため、「当該営業所に備えられたものでなくても」よいことはない。

22 点呼の記録（１年間保持）

問4、問25、問26

重要度
★★

点呼に関する記録は、「実務上の知識及び能力」の分野の選択肢の１つとして出題されることが多い。各点呼に関する知識の確認の流れにおいて、セットで押さえておこう。

点呼の記録の保存期間

どんな天候でも
（どの点呼であっても）

１年保存！
（記録を１年間保存する）

晴れ、と

速攻攻略!!

①貨物自動車運送**事業者**（以下「事業者」とする）**は**、点呼を行った場合、運転者等ごとに点呼を行った旨、報告、確認及び指示の内容並びに所定事項を記録する。どの点呼であっても記録する。

②事業者は、その記録を１年間保存しなければならない。

　点呼の記録については、その保存期間が１年間であること、また、「業務前」、「業務後」、「中間点呼」のどの点呼であっても記録することを押さえておけばよい。

　なお、記録する所定事項とは、①点呼を行った者及び点呼を受けた運転者等の氏名、②点呼を受けた運転者等が従事する運行の業務に係る事業用自動車の自動車登録番号その他の当該事業用自動車を識別できる表示、③点呼の日時、④点呼の方法、⑤その他必要な事項、であるが、ここまではまず出題されない。

貨物自動車運送事業者の事業用自動車の運転者等に対する点呼に関して、点呼を行い、報告を求め、確認を行い及び指示をしたときは、運転者等ごとに点呼を行った旨、報告、確認及び指示の内容並びに所定の事項を記録し、かつ、その記録を1年間保存しなければならない。

正解　正しい

点呼の記録は、運転者等からの報告事項、運転者等に対する確認事項及び運行の安全に関する指示事項等を記録することによって、点呼の実施状況を把握し、点呼実施者の責任を明らかにするものであり、事故防止につながる資料ともなるものである。さらには、点呼実施者の引継ぎ資料になることから、要点を漏らさず的確に記録しておく必要がある。

正解　正しい

「実務上の知識及び能力」の分野で出題される場合は、上記のような具体的内容を含めた形で出てくる。点呼の記録は、まさに上記問題文の趣旨から行われるものであり、そのように記録しておくべきである。

複数日にわたり事業用トラックに乗務（2日目、3日目は、業務前及び業務後の点呼のいずれも対面で行うことができない業務である。）する運転者の点呼に関して、2日目の中間点呼の実施結果については、特に問題がなかったので、点呼記録表に記録しなかったが、2日目の業務後の点呼を携帯電話により行い、その結果を点呼記録表に記録した。

正解　誤り

中間点呼であっても記録すべきなので、本問は誤っている。

23　業務等の記録

問 6 ～問 8、問26

重要度
★★★

一般貨物自動車運送事業者等は、運転者等に業務等の記録（以下「業務記録」とする）を記録させて、1 年間保存しなければならない。この記録すべき内容等は、頻出の重要事項である。

業務記録の記載事項（貨物の積載状況）

ハチごと異常に
（車両総重量 8 トン以上又は最大
積載量 5 トン以上）

接近サイ記録！
（貨物の積載状況の記録）

速攻攻略!!

①一般貨物自動車運送**事業者等**（以下「事業者等」とする）は、業務を行った**運転者等**ごとに、**業務記録を記録**させ、業務記録を **1 年間保存**する。

②**記録内容**のうち、**よく出題される**のは、以下のものである。

　ア　業務の開始・終了地点、日時、主な**経過地点及び業務距離**。

　イ　**休憩・睡眠**をした地点及び日時。

　ウ　車両総重量が **8 トン以上**又は最大積載量が **5 トン以上**の普通自動車である事業用自動車の運行の業務に従事した場合、**貨物の積載状況**。

　エ　道交法や事故報告規則に規定される**交通事故**（物損事故も記録）又は**著しい運行の遅延や異常な状態が発生**した場合は、その概要及び原因。

業務記録に記載すべき内容一覧

「速攻攻略‼」はよく出るものだけの紹介なので、業務記録に記録すべき内容の一覧も紹介しておく。最終的にこの一覧を覚えることができれば安心だが、**余裕がない場合には「速攻攻略‼」だけでも押さえておけば、かなり正解率を上げること**ができる。

◆**業務記録に記録すべき内容一覧**
　①運転者等の**氏名**
　②従事した運行の業務に係る事業用自動車の**自動車登録番号**その他の**当該事業用自動車を識別できる表示**
　③業務の開始・終了の地点及び日時、主な経過地点及び業務距離
　④業務を交替した場合には、その**地点及び日時**
　⑤**休憩又は睡眠**をした場合には、その**地点及び日時**
　⑥車両総重量が**8トン以上**又は最大積載量が**5トン以上**の普通自動車である事業用自動車の運行の業務に従事した場合には、貨物の積載状況。また、**荷主の都合**により集貨又は配達を行った地点（**集貨地点等**）で、30分以上待機したときは**集貨地点等**、集貨地点等への到着日時、集貨地点等での積込み・取卸し（荷役作業）の開始・終了日時、集貨地点等で当該事業者等が貨物の荷造り、仕分けその他の事業に附帯する業務（附帯業務）を行った場合は、附帯業務の開始・終了日時など
　⑦道交法に規定する**交通事故**もしくは事故報告規則に規定する**事故**、又は著しい運行の遅延その他の異常な状態が発生した場合には、その**概要及び原因⇒物損事故でも記録する。**
　⑧運行指示書を作成しなければならない場合で、それに基づく指示があった場合には、その**内容**

　なお、業務等の記録に関する問題は、この一覧をしっかり読んでおくだけでも、常識的な感覚で解答できることが多い。また、**問題と一覧を行ったりきたり**することで、記憶に定着させることができる。少し多めに予想問題を掲載するので、トライしてみてほしい。

業務等の記録

一般貨物自動車運送事業者が運転者等に記録させる業務等の記録についての次の記述のうち、【誤っているものを1つ】選びなさい。

1. 業務を交替した場合にあっては、その地点及び日時を当該業務を行った運転者等ごとに記録させなければならない。
2. 休憩又は睡眠をした場合にあっては、その地点、日時及び休憩の方法を当該業務を行った運転者等ごとに記録させなければならない。
3. 車両総重量が8トン以上又は最大積載量が5トン以上の普通自動車である事業用自動車の運行の業務に従事した場合にあっては、貨物の積載状況を当該業務を行った運転者等ごとに記録させなければならない。
4. 業務の開始及び終了の地点及び日時並びに主な経過地点及び業務に従事した距離を当該業務を行った運転者等ごとに記録させなければならない。

正解　2　（休憩の方法は、記録事項ではない）

一般貨物自動車運送事業者は、車両総重量が8トン以上又は最大積載量が5トン以上の普通自動車である事業用自動車の運行の業務に運転者を従事させた場合、当該業務を行った運転者等ごとに貨物の積載状況を「業務等の記録」に記録させ、かつ、その記録を1年間保存しなければならない。

正解　正しい

一般貨物自動車運送事業者が、貨物自動車運送事業輸送安全規則に定める「事故の記録」として記録しなければならない事故とは、死者又は負傷者を生じさせたものと定められており、物損事故は該当しない。

正解　誤　り（物損事故についても記録する）

一般貨物自動車運送事業者が運転者等に記録させる業務等の記録に関する次の述のうち、【誤っているものを１つ】選びなさい。

１．業務等の記録として記録すべき事項は、運転者等ごとに記録させることに代え、道路運送車両の保安基準の規定に適合する運行記録計により記録することができる。この場合において、当該記録すべき事項のうち運行記録計により記録された事項以外の事項を運転者等ごとに運行記録計による記録に付記させなければならない。

２．道路交通法に規定する交通事故若しくは自動車事故報告規則に規定する事故又は著しい運行の遅延その他の異常な状態が発生した場合にあっては、その概要及び原因を当該業務を行った運転者等ごとに記録させなければならない。

３．車両総重量が８トン以上又は最大積載量が５トン以上の普通自動車である事業用自動車の運行の業務に従事した場合にあっては、貨物の積載状況を当該業務を行った運転者等ごとに記録させなければならない。

４．業務の開始及び終了の地点及び日時並びに主な経過地点及び貨物を積載して運行した距離を運転者等ごとに記録させなければならない。

正解　４（「貨物を積載して運行した距離」は記録事項ではない）

選択肢１の運行記録計については、92ページから解説するが、正しい内容である。業務等の記録は、運行記録計による記録で代えることができる。

業務等の記録は、業務の開始及び終了した地点、走行距離等を運転者等ごとに記録させることとされており、運転者等の日常の業務を運行管理者が把握し、過労となる業務の防止や過積載による運送の防止等業務の適正化を図るために活用するためのものである。

正解　正しい

24 運行指示書

問6〜問8、問24〜問26

重要度

★★★

運行指示書も頻出テーマの1つである。いかなる場合に必要か、必要となる場合に何を行うのか、いつから、いつまで記録の保存が必要かという3点を押さえておこう。

運行指示書の保存期間

写真で指示した
（運行指示書及びその写しを）

1年の終わり
（運行終了の日から1年間保存）

12月
31日
大晦日

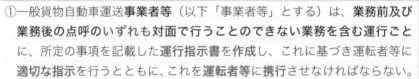

速攻攻略!!

①一般貨物自動車運送**事業者等**（以下「事業者等」とする）は、**業務前及び業務後の点呼のいずれも対面で行うことのできない業務を含む運行ごと**に、所定の事項を記載した**運行指示書を作成**し、これに基づき運転者等に**適切な指示を行う**とともに、これを**運転者等に携行させなければならない。**

②**事業者等は、運行指示書及びその写しを運行の終了の日から1年間保存し**なければならない。

③事業者等は、運行指示書の作成を要する**運行の途中**、一定事項の**変更**が生じた場合には、**運行指示書の写しに当該変更の内容を記載**し、**運転者等に対し電話等により、適切な指示を行う**とともに、**当該運転者等が携行している運行指示書に、当該変更の内容を記載させなければならない。**

④事業者等は、運行指示書の作成を要しない**運行の途中**、運転者等に**業務前及び業務後の点呼のいずれも対面で行うことができない業務を行わせることとなった場合**、以後の運行について、所定事項を記載した**運行指示書を作成**し、運転者等に**電話等により、適切な指示**を行わなければならない。

　前ページのゴロ合わせは、運行指示書の保存期間に関するものであるが、もう1つ、**運行の途中**において、**運行指示書で指示した内容に変更**が生じた場合のゴロ合わせも紹介しよう。この場合、事業者等は、**運転者等に対して適切な指示を行う**とともに、**当該運転者等が携行している運行指示書**に、運転者等自身で、**当該変更の内容を記載させなければならない**。

　なお、もともと運行指示書が必要な場合ではなく、途中で必要となったケース（④）では、運転者等はそもそも運行指示書を持っていないので、運転者等が持つ運行指示書の変更という問題は発生しない。

運行指示書の変更と運転者等自身の記載

指示を変更！
（運行指示書の変更）

自分で書け！
（運転者等自ら携行する運行指示書に記載）

プラスα　運行指示書に記載する所定事項（参考）

ここまでは出題されないので、覚える必要はない。参考までに運行指示書に記載する所定事項の内容は、以下のものである。

　①運行の開始及び終了の地点及び日時
　②乗務員等の氏名
　③運行の経路並びに主な経過地における発車及び到着の日時
　④運行に際して注意を要する箇所の位置
　⑤乗務員等の休憩地点及び休憩時間（休憩がある場合に限る）
　⑥乗務員等の運転又は業務の交替の地点（運転又は業務の交替がある場合に限る）
　⑦その他運行の安全を確保するために必要な事項

一般貨物自動車運送事業者（以下「事業者」という。）の運行指示書による指示等に関する次の記述のうち、【正しいものを2つ】選びなさい。なお、解答にあたっては、各選択肢に記載されている事項以外は考慮しないものとする。

1. 事業者は、業務前及び業務後の点呼のいずれも対面で行うことができない業務を含む運行ごとに、「運行の開始及び終了の地点及び日時」等の所定の事項を記載した運行指示書を作成し、これにより事業用自動車の運転者等に対し適切な指示を行い、及びこれを当該運転者に携行させなければならない。

2. 事業者は、運行指示書の作成を要する運行の途中において、「運行の経路並びに主な経過地における発車及び到着の日時」に変更が生じた場合には、運行指示書の写しに当該変更の内容を記載し、これにより運転者等に対し電話その他の方法により、当該変更の内容について適切な指示を行わなければならない。この場合、当該運転者等が携行している運行指示書への当該変更内容の記載を省略させることができる。

3. 事業者は、運行指示書の作成を要しない運行の途中において、事業用自動車の運転者等に業務前及び業務後の点呼のいずれも対面で行うことができない業務を行わせることとなった場合には、当該業務以後の運行について、所定の事項を記載した運行指示書を作成し、及びこれにより当該運転者等に対し電話その他の方法により適切な指示を行わなければならない。

4. 事業者は、法令の規定により運行指示書を作成した場合には、当該運行指示書を、運行を計画した日から1年間保存しなければならない。

正解　1と3

選択肢2は、運行指示書の変更があった場合、運転者が携行する運行指示書への記載を省略させることができるとしている点で誤っている。選択肢4は、「運行を終了した日」から1年間の保存が必要であり、「計画」した日からではない。

第1章　貨運法関係

25 指導及び監督（安全規則10条）

問2〜問6

重要度
★★

従業員（運転者）に対する指導及び監督について、安全規則10条の規定を確認する。出題されても選択肢の1つとしてだが、次の「特別な指導」とセットで出題される。

指導及び監督の基本方針の策定、記録の保存期間

監督、基本方針作成
（指導監督の基本的な方針を策定）

記録的に3年間保存
（指導監督の記録は3年間保存）

速攻攻略!!

①貨物自動車運送**事業者**（以下「事業者」とする）は、事業に係る**主な道路の状況**、事業用自動車の運行**に関する状況**、その状況下における**運行の安全確保**に**必要な運転の技術**、法令に基づき**運転に関して遵守すべき事項**について、運転者に対する**適切な指導及び監督**をしなければならない。

②**事業者は**、日時、場所、内容、指導及び監督を行った者、受けた者を記録し、記録を**営業所において3年間保存**しなければならない。

③**事業者は**、事業用自動車に備えられた**非常信号用具及び消火器の取扱い**について、乗務員等に対する適切な指導をしなければならない。

④**事業者は**、効果的かつ適切に指導及び監督を行うため、**輸送の安全に関する基本的な方針の策定**その他の**国土交通大臣が告示で定める措置**を講じなければならない。

予想問題 合格

一般貨物自動車運送事業者は、当該運送事業に係る主な道路の状況その他の事業用自動車の運行に関する状況、その状況の下において事業用自動車の運行の安全を確保するために必要な運転の技術及び法令に基づき自動車の運転に関して遵守すべき事項について、運転者に対する適切な指導及び監督をしなければならない。この場合においては、その日時、場所及び内容並びに指導及び監督を行った者及び受けた者を記録し、かつ、その記録を営業所において3年間保存しなければならない。

正解　正しい

　前ページの「**速攻攻略!!**」の①と②の内容である。なお、「指導及び監督」に関する問題は、次に紹介する「特別な指導」の知識とセットで出題されることが多い。そして、これらの問題は、「特別な指導」の知識から正解肢が出る傾向にある。

　ただし、「3年間」という記録の保存期間については、数字を変えやすいので、注意しておこう。

一般貨物自動車運送事業者は、事業用自動車に備えられた非常信号用具及び消火器の取扱いについて、当該事業用自動車の乗務員等に対する適切な指導を行う。

正解　正しい

一般貨物自動車運送事業者は、法令の規定により、従業員に対し、効果的かつ適切に指導及び監督を行うため、輸送の安全に関する基本的な方針の策定その他の国土交通大臣が告示で定める措置を講ずる。

正解　正しい

第1章　貨運法関係

26 特別な指導（実施時期と時間）

問5〜問7

重要度
★★★

特別な指導は頻出テーマの1つだ。まずは対象者、指導する時期と時間を確認する。「指導及び監督」に関する問題は、ここの「特別な指導」の内容から正解肢が出る可能性が高い。

事故惹起運転者への特別な指導の時期

事故るぞ、最上階前の
（交通事故後、再度の乗務前）

やむを得ない一突き
（やむを得ない事情があれば、乗務開始後1ヵ月以内）

速攻攻略!!

①一般貨物自動車運送**事業者等**（以下「事業者等」とする）**は、②の運転者**に対して、運行の安全を確保するために、**特別な指導**を行う。

②特別な指導の**対象者は、**

　ア　**死者又は負傷者**が生じた**交通事故**（法令で定めるもの）を引き起こし、かつ、**当該事故前3年間に交通事故**を引き起こした者（事故惹起運転者）

　イ　事業者等が、運転者として**新たに雇い入れた者**（初任運転者）

　ウ　高齢者（**65才**以上の者）

③これらの者の**指導時期**は、次のとおり。

　ア　**事故惹起運転者**…交通事故後、再度の乗務前。**やむを得ない事情**がある場合、**再度の乗務開始後1ヵ月**以内。なお、外部の専門的機関における指導講習を受講する予定である場合は、この限りでない。

　イ　**初任運転者**…当該事業者において**初めて**事業用自動車に**乗務する**前。**やむを得ない事情**がある場合、**乗務開始後1ヵ月**以内。

ウ　**高齢運転者**…適性診断の結果の判明後、1ヵ月以内。

④これらの者の**指導時間**は、次のとおり。

ア　**事故惹起運転者**…所定事項を合計6時間以上、安全運転の**実技は、可能な限り行うことが望ましい。**

イ　**初任運転者**…所定事項を合計15時間以上、安全運転の**実技を合計20時間以上。**

ウ　**高齢運転者**…適性診断の結果を踏まえ、個々の運転者の身体機能の変化の程度に応じた安全な運転方法等について、運転者が自ら考えるよう指導する（**指導時間の規定はない**）。

　3パターンの対象者がいること、そして、それぞれの者に指導をするタイミングと指導時間を把握しておこう。

　一般貨物自動車運送事業者は、高齢運転者に対する特別な指導については、国土交通大臣が認定した高齢運転者のための適性診断の結果を踏まえ、個々の運転者の加齢に伴う身体機能の変化の程度に応じた事業用自動車の安全な運転方法等について運転者が自ら考えるよう指導する。この指導は、当該適性診断の結果が判明した後1ヵ月以内に実施する。

正解　正しい

　一般貨物自動車運送事業者は、事業用自動車の運転者として常時選任するために新たに雇い入れた者であって、当該事業者において初めて事業用自動車に乗務する前3年間に他の事業者等によって運転者として常時選任されたことがない者には、初任運転者を対象とする特別な指導について、やむを得ない事情がある場合は、初めて事業用自動車に乗務を開始した後3ヵ月以内に実施する。

正解　誤り

初任運転者への特別な指導を行う時期は、当該事業者において初めて事業用自動車に乗務する前か、やむを得ない事情がある場合は、乗務開始後1ヵ月以内である。本問は「3ヵ月」とする部分が誤っている。

> 一般貨物自動車運送事業者が行う初任運転者に対する特別な指導は、法令に基づき運転者が遵守すべき事項、事業用自動車の運行の安全を確保するために必要な運転に関する事項などについて、15時間以上実施するとともに、安全運転の実技について、20時間以上実施する。

正解　正しい

> 一般貨物自動車運送事業者は、事故惹起運転者に対する特別な指導については、やむを得ない事情がある場合又は外部の専門的機関における指導講習を受講する予定である場合を除き、当該交通事故を引き起こした後、再度事業用自動車に乗務を開始した後1ヵ月以内に実施すること。

正解　誤り

事故惹起運転者への特別な指導を行う時期は、原則として、交通事故の後、再度の乗務前である。本問は、乗務を開始した「後」としている点で誤っている。

 新たに雇い入れた運転者に対する調査

事業者等は、運転者を常時選任するために新たに雇い入れた場合、当該運転者について、自動車安全運転センター法に規定する自動車安全運転センターが交付する無事故・無違反証明書又は運転記録証明書等により、その者の雇入れ前の事故歴を把握して、事故惹起運転者に該当するか否かを確認することが求められている（指導監督指針第2章5（1））。この知識もたまに出題されるので、押さえておくとよい。

27 特別な指導（適性診断）

問5〜問7、問26以降

重要度
★★★

一般貨物自動車運送事業者は、「特別な指導」の対象者に対して、適性診断を行わなければならない。どのタイミングで行うかを押さえておけば、試験に対応できる可能性が高い。

高齢者に対する適性診断を行うタイミング

老後に1年
（65歳に達した日以後、1年以内）

その後に3年
（その後、3年以内ごと）

サプリ
老後に
1年以内

超サプリ
その後に
3年以内ごと

速攻攻略!!

一般貨物自動車運送**事業者**（以下「事業者」とする）は、特別の指導の対象者に、それぞれ下記の時期に、**適性診断**を行う。

ア　**事故惹起運転者**…交通事故後、再度の乗務前に、一定の区分ごとに、それぞれ**国土交通大臣が認定した特定診断**を受診させる。やむを得ない事情がある場合、**再度の乗務開始後1ヵ月以内**に受診させる。

イ　**初任運転者**…当該事業者の下で、**初めて事業用自動車に乗務する前3年間に初任診断を受診したことがない者**は、初めての乗務前に**初任診断を受診させる**。やむを得ない事情がある場合、**乗務開始後1ヵ月以内**に受診させる。

ウ　**高齢運転者**…運転者が**65歳に達した日**（又は選任した日）以後、1年以内に1回受診させ、その後、3年以内ごとに1回受診させる。

「事故惹起運転者」と「初任運転者」の**適性診断**を受けさせる時期は、69ページで紹介した**特別な指導を行う時期**と、ほぼ同じである。

なお、そもそも**適性診断**というものは、運転者に自分の運転の傾向や**事故を起こす危険性を客観的に知ってもらう**ことで、**安全な運転を目指す**ようその自覚を促すことにある。**運転に適さない者を排除する**ためのものではないので、この点も理解しておこう。

予想問題

貨物自動車運送事業の運行管理者は、法令の規定により、死者又は負傷者（法令に掲げる傷害を受けた者）が生じた事故を引き起こした者等特定の運転者に対し、国土交通大臣が告示で定める適性診断であって国土交通大臣の認定を受けたものを受けさせなければならない。

正解　正しい

詳しくは96ページから述べるが、**指導及び監督**については、**事業者とほぼ同じ義務が、運行管理者にある。**

予想問題

適性診断は、運転者の運転能力、運転態度及び性格等を客観的に把握し、運転の適性を判定することにより、運転に適さない者を運転者として選任しないようにするためのものであり、ヒューマンエラーによる交通事故の発生を未然に防止するための有効な手段となっている。

正解　誤り

すぐ上で述べたが、**適性診断は、運転に適さない者を運転者として選任しないようにするためのものではない。**

予想問題

一般貨物自動車運送事業者は、適齢診断（高齢運転者のための適性診断として国土交通大臣が認定したもの。）を運転者が65歳に達した日以後1年以内に1回受診させ、その後3年以内ごとに1回受診させる。

正解　正しい

貨物自動車運送事業の運行管理者は、法令の規定により、運転者として常時選任するために新たに雇い入れた者であって当該貨物自動車運送事業者において初めて事業用自動車に乗務する前3年間に初任診断（初任運転者のための適性診断として国土交通大臣が認定したもの。）を受診したことがない者に対して、当該診断を受診させなければならない。

正解　正しい

一般貨物自動車運送事業者は、軽傷者（法令で定める傷害を受けた者）を生じた交通事故を起こし、かつ、当該事故前の3年間に交通事故を引き起こした運転者に対し、国土交通大臣が告示で定める適性診断であって国土交通大臣の認定を受けたものを受診させなければならない。

正解　正しい

4年前まで他の一般貨物自動車運送事業者において事業用自動車の運転者として常時選任されていた者を一般貨物自動車運送事業の運転者として常時選任するために新たに雇い入れた。このため、運行管理者は初任運転者に対する適性診断を受診させるとともに、特別な指導を当該運転者に行った後、大型トラックに乗務させることは、適切か。

正解　適　切

　当該事業者の下で、**初めて事業用自動車に乗務する前3年間に**、**初任診断（適性診断）を受診していない者**には、原則として、当該事業所での初めての乗務前に、適性診断を受診させる。本問の運転者は、「**4年前まで**」他の事業者において運転者として常時選任されていた（＝この4年間は運転者として選任されていない）ということから、**当該事業所で初めて乗務する前3年間に、初任診断（適性診断）を受診していない。**

28 乗務員（運転者）の遵守事項

問3〜問7、問25以降

重要度
★★

乗務員（運転者）の遵守事項は、下記「速攻攻略‼」の内容がまんべんなく出題される。難しい内容ではなく、出題可能性が高いものを集めたので、最終的にはすべて覚えておきたい。

交替後の運転者に通告する事項

車に灯篭
（事業用自動車、道路）

幸運な状況？
（運行状況を通告）

速攻攻略‼

貨物自動車運送事業の**運転者は、以下の事項を遵守**しなければならない。

①**日常点検整備の実施とその確認。**

②法令に基づく**点呼を受け、**事業者に**点呼の報告**をする。

③乗務を終了して他の運転者と**交替するときは、交替する運転者**に対し、当該乗務に係る事業用**自動車、道路**及び**運行状況の通告**をする。

④他の運転者と**交替して乗務を開始**しようとするときは、他の運転者から③の通告を受け、当該事業用自動車の**制動装置、走行装置**その他の**重要な装置の機能**について**点検**をする。

⑤**業務等の記録**（60〜61ページ参照）をする。

　→これは一般貨物自動車運送事業者等の運転者に限る。

⑥**運行指示書を乗務中携行**し、記載事項に変更が生じた場合、**携行する運行指示書に変更内容を記載**する（64ページ参照）。

⑦**踏切を通過**するときは、**変速装置を操作しない。**

ちなみに、運転者の遵守事項には、**酒気を帯びた状態**にあるときはその旨を、また、**疾病、疲労、睡眠不足その他の理由**により**安全な運転をすることができないおそれ**があるときは、**その旨を事業者に申し出る**というものもある。これは当然の内容であり、出題されても常識的に判断できると思うので、前ページの「速攻攻略!!」には含めていない。

　覚えにくいのは、運転手交替に関する③と④だろう。そこで、④のゴロ合わせは、次のものだ。

交替を受けて乗務する場合の点検事項

そうこうするうち
（走行装置）

ポセイドンが点検
（制動装置を点検）

プラスα ── 大地震等の災害時の運転者の対応 ──

運行中に大地震が発生するなど、大きな災害にみまわれた場合、運転者は気がついた時点で自動車を路側帯等に停車させるなどして、自らと周囲の運行の安全を確保すべきである。

また、**運転者は、当該自動車を置いて避難すべきと判断した場合、当該自動車にエンジンキーを付けたまま、ドアをロックせずに避難する。**自動車を移動させることが可能なようにしておくためである。

予想問題　合格⇦

　運転者は、疾病、疲労、睡眠不足その他の理由により安全な運転をすることができないおそれがあるときは、その旨を一般貨物自動車運送事業者に申し出なければならない。

正解　正しい

運転者は、乗務を開始しようとするとき、業務前及び業務後の点呼のいずれも対面（輸送の安全の確保に関する取組みが優良であると認められる営業所において、点呼を行う場合にあっては、国土交通大臣が定めた機器による方法を含む。）で行うことができない乗務の途中及び乗務を終了したときは、法令に規定する点呼を受け、事業者に所定の事項について報告をする。

正解　正しい

一般貨物自動車運送事業者の運転者等は、事業用自動車の運行の業務に従事したときは、運行の業務に係る事業用自動車の自動車登録番号その他の当該事業用自動車を識別できる表示、業務の開始及び終了の地点及び日時並びに主な経過地点及び業務に従事した距離等所定の事項を「業務記録」（法令に規定する運行記録計により記録する場合は除く。）に記録すること。

正解　正しい

運転者は、乗務を終了して他の運転者と交替するときは、交替する運転者に対し、当該乗務に係る事業用自動車、道路及び運行の状況について通告すること。この場合において、交替して乗務する運転者は、当該通告を受け、当該事業用自動車の制動装置、走行装置その他の重要な装置の機能について点検の必要性があると認められる場合には、これを点検する。

正解　誤　り

　交替を受けて乗務する運転者は、所定の装置について**必ず点検**すべきであり、「必要性があると認められる場合」のみに点検するものではない。

29 運行管理者の業務（総論）

問24

重要度
★★

「運行管理者の業務」は、点呼や事故報告規則と並ぶ超重要テーマの１つである。まずは総論的内容から確認するが、ここはどちらかと言えば、「実務上の知識及び能力」の問題用の知識だ。

事業者に対する運行管理者の助言

できる人、感謝の助言を
（運行管理者は助言できる）

ぎょうさん尊重！
（事業者は、助言を尊重）

速攻攻略!!

①運行管理者は、一般貨物自動車運送事業者（以下「事業者」とする）に代わって運行の安全確保を担う存在であり、**事業者に対して、必要な助言を行うことができる。**

②事業者は、**運行管理者の助言を尊重**しなければならない。

③事故等が起きた場合、**事業者と運行管理者の責任は、同等とは限らない。**

　81ページから紹介するが、運行管理者の業務については、貨運法22条、安全規則20条に中心的な規定があり、**運行管理者は、これらの業務を誠実に行わなければならない。**

そして、これらの業務を行うために**事業者は、運行管理者に対して、必要な権限を与えなければならない**（貨運法22条2項）。

また逆に、**運行管理者は、事業者**に対して、運行の安全の確保に関し**必要な事項**について**助言**を行うことができる。

そして、**事業者は、運行管理者の助言を尊重**しなければならず、事業用自動車の運転者その他の従業員は、運行管理者がその業務として行う指導に従わなければならない。

予想問題

運行管理者は、自動車運送事業者の代理人として事業用自動車の輸送の安全確保に関する業務全般を行い、交通事故を防止する役割を担っている。したがって、事故が発生した場合には、自動車運送事業者と同等の責任を負う。

正解　誤り

運行管理者は事業用自動車の輸送の安全の確保に関する業務全般を行い、交通事故を防止する役割を担っている。しかし、**自動車運送事業者と運行管理者の業務は、必ずしも重ならない**ことなどから、両者の責任が同等になるとは**限らない**。

予想問題

最近、会社として営業所の配置車両を増やしたが、運行管理者は、運転者の数が不足し、法令に基づき定めた乗務時間を超えて運転者を乗務させていることが多々あることから、各運転者の健康状態に不安を抱いていた。運行管理者は、この状況を改善するためには新たに運転者を採用する必要があると考えていたが、運転者の確保は事業主の責任で行うべきものであり、自分の責任ではないので、運転者を確保する等の措置をとる必要があることを事業主に助言しなかった。この運行管理者の業務上の措置は適切か。

正解　不適切

運行管理者は、**事業者等**に対して、**運行の安全の確保**に関する**必要な事項について助言**を行うことができる。確かに、安全規則の規定上は「できる」という表現であるが、本問のように「各運転者の健康状態に不安を抱いていた」という状況が続くと、事故が発生する可能性が高まるため、運行管理者は、運行の安全の確保のために事業主に**助言すべき**である。

　運行管理者の所属する営業所では、休憩施設が所属する運転者数に対して慢性的に不足しており、運転者に休憩を十分に与えることが困難な状況にあった。当該運行管理者は、このような状況を放置すれば過労運転につながりかねないと判断し、当該施設の整備については運行管理者の行う業務の範囲外であることは承知していたが、事業者にこの現状を伝え、早急に改善する必要があることを助言した。この運行管理者の業務上の措置は適切か。

正解　適　切

　運行管理者は、**事業者等**に対して、**運行の安全の確保**に関する**必要な事項について助言**を行うことができる。

　運行管理者は、運行の安全に関して、改善すべき点及び運転者その他の従業員の「現場の声」を踏まえた対策について検討し、事業者に対し積極的に助言を行うことで、運行の安全確保を図ることも重要な役割であると考えている。この運行管理者の業務上の措置は適切か。

正解　適　切

　これも１つ上の問題と同じだ。この辺は常識的に考えて、**"運行の安全に資する行為を行おう"** とすることが、**不適切になることはない**、と考えていてよかろう。

プラスα ──「運行管理者の業務」と勉強方法──

　運行管理者の業務については、**安全規則20条に中心的な規定**がある。試験では、この規定からまんべんなく出題される。分量は多いが、内容はやさしく、「事業者（等）」の義務規定と同じものが多いため、あえて"**運行管理者用**"の知識として追加で覚えるべき知識は少ない。

　83ページから、この"**運行管理者用**"の知識として追加で覚えるべき知識とポイントを紹介するが、念のため、「運行管理者の主な業務」の一覧を掲載しておく。

■運行管理者の主な業務（安全規則20条）■

①運転者や特定自動運行保安員として選任された者以外の者を、事業用自動車の運行の業務に従事させない。

②乗務員等が**休憩・睡眠**のために利用できる**施設を適切に管理**する。

　→事業者には、これに加えて「保守」の義務がある（p.28参照）。

③事業者が作成した**勤務時間及び乗務時間の範囲内**において、**乗務割を作成**し、これに従い運転者を事業用自動車に乗務させる（p.30参照）。

④酒気を帯びた乗務員等を事業用自動車の運行の業務に従事させない。

　→道交法施行令44条の3で規定する「酒気帯び」の数値未満であっても、酒気帯びと検知されれば**運行の業務に従事させてはならない**。

⑤**乗務員等の健康状態の把握に努め**、疾病、疲労、睡眠不足その他の理由により**安全に運行の業務を遂行**し、又はその補助をすることができないおそれがある乗務員等を事業用自動車の運行の業務に従事させない。

⑥長距離又は夜間の運転に従事する場合で、疲労等により運転者が**安全な運転を継続できないおそれ**があるときは、あらかじめ、当該運転者と交替するための運転者を配置する。

⑦**過積載と貨物の積載方法**について、従業員に**指導及び監督**を行う。

⑧**運転に関する遵守事項**について、運転者等に対する**指導及び監督**を行う。

⑨運転者等に対する**点呼を行い、報告を求め、確認を行い、及び指示を与え、並びに記録し、及びその記録を保存**し、並びに**アルコール検知**

器を常時有効に保持する。

　→点呼については、「事業者」の義務と同じ（p.48以降参照）。

⑩運転者等に業務記録を記録させ、その記録を1年間保存する。

　→業務記録については、「事業者」の義務と同じ（p.60以降参照）。

⑪運行記録計を管理し、その記録を1年間保存する。

⑫運行記録計で記録できない事業用自動車を運行の用に供さない。

⑬事故の記録を記録し、その記録を3年間保存する。

⑭運行指示書を作成し、及びその写しに変更の内容を記載し、運転者等に対し適切な指示を行い、運行指示書を事業用自動車の運転者等に携行させ、及び変更の内容を記載させ、並びに運行指示書及びその写しを運行の終了の日から1年間保存する。

⑮運転者等台帳を作成し、営業所に備え置く。

　→運転者等台帳とは、運転者等の氏名や免許証の有効期間などの情報が記載されたもので、記載事項は法令で定められている。

⑯主な道路の状況、事業用自動車の運行に関する状況、その状況の下において事業用自動車の運行の安全を確保するために必要な運転の技術及び法令に基づき自動車の運転に関して遵守すべき事項（適切な消火器等の取扱いなど）について、乗務員等に対する適切な指導及び監督をする。これを行った者及び受けた者を記録し、その記録を営業所において3年間保存する。

⑰高齢者や新たに雇い入れた運転者、死者又は負傷者が生じた事故を引き起こした運転者に国土交通大臣が告示で定め、認定した適性診断を受けさせる。

⑱異常気象その他の理由により輸送の安全の確保に支障を生ずるおそれがあるときは、乗務員等に対する適切な指示その他輸送の安全を確保するために必要な措置を講ずる。

⑲補助者に対する指導及び監督を行う。

⑳事故報告規則の規定により定められた事故防止対策に基づき、事業用自動車の運行の安全の確保について、従業員に対する指導及び監督を行う。

㉑一般貨物自動車運送事業者等に対して、事業用自動車の運行の安全の確保に関し必要な事項について助言を行う。

第1章　貨運法関係

30 運行管理者の業務 (施設管理)

問2、問3

重要度
★★★

運転者等の「休憩・睡眠施設」に関する「運行管理者」の義務の話である。選択肢の1つとしてではあるが、よく出題されるので、28ページの「事業者」の義務とセットで押さえておこう。

運行管理者の休憩・睡眠施設に対する義務

運と勘、
(運行管理者は)

給水施設の補修なし！
(休憩・睡眠施設の保守義務がない)

運行管理者には、休憩・睡眠施設の保守を行う義務はない。

速攻攻略!!

①運行管理者は、乗務員等が**休憩又は睡眠**のために利用することができる**施設を適切に管理**しなければならない。

②運行管理者には、当該施設の「**保守**」の義務まではない。

　28ページでも触れたが、おさらいしておくと、一般貨物自動車運送**事業者**(以下「事業者」とする)には、**休憩・睡眠施設の整備や管理のみではなく、保守の義務まである。**

　しかし、この施設について**運行管理者の義務は少し緩和**されていて、管理の義務までとなっているのだ。

　この微妙な違いを、本試験では出題してくることが多いので、次ページの予想問題で慣れておこう。

法令の規定により、乗務員等が休憩又は睡眠のために利用することができる施設を適切に管理することは、運行管理者の行わなければならない業務である。

正解　正しい

休憩又は睡眠のための施設を「管理」する話なので、正しい。

乗務員等が有効に利用することができるように、休憩に必要な施設を整備し、及び乗務員等に睡眠を与える必要がある場合にあっては睡眠に必要な施設を整備し、並びにこれらの施設を適切に管理し、及び保守することは、運行管理者の行わなければならない業務である。

正解　誤　り

本問は、事業者の義務についての記述である。運行管理者には、休憩・睡眠施設について、保守の義務まではない。

一般貨物自動車運送事業者は、運転者、特定自動運行保安員及び事業用自動車の運行の業務の補助に従事する従業員（以下「乗務員」という。）が有効に利用することができるように、休憩に必要な施設を整備し、及び乗務員等に睡眠を与える必要がある場合にあっては睡眠に必要な施設を整備し、並びにこれらの施設を適切に管理し、及び保守しなければならない。

正解　正しい

本問を間違ってしまった受験生は、問題文冒頭の"誰が"の部分を意識することを心がけよう。本問の主体は事業者なので、休憩・睡眠施設について、保守の義務まである。

第1章　貨運法関係

31 運行管理者の業務（乗務割）

問2〜問3、問25

重要度
★★★

運行管理者には、貨物自動車運送事業者が作成した勤務時間と乗務時間の範囲内で「乗務割」を作成する義務がある。ここもよく出題されるので、30ページの「事業者」の義務とセットで押さえておこう。

乗務割の作成義務者（運行管理者）

悪い〜けど作って
（乗務割の作成）

管理者さん
（運行管理者）

「乗務割」の作成義務があるのは、運行管理者である。

　速攻攻略!!

①**運行管理者**には、貨物自動車運送**事業者**（以下「事業者」とする）**が作成**した、**運転者の勤務時間と乗務時間の範囲内で、乗務割を作成する義務が**ある。

②**「勤務時間と乗務時間」の作成義務**があるのは、事業者である。

　30ページのおさらいをすると、**乗務割**とは、運転者が具体的に、いつからいつまで事業用自動車に乗務するのかの割振りであり、**運行管理者に作成義務**がある。

　そして、**この乗務割は、事業者が作成した、運転者の「勤務時間及び乗務時間」**の範囲内で作成する。本試験では、この両者の関係性を出題してくることが多いので、次ページの予想問題で慣れておこう。

一般貨物自動車運送事業の運行管理者は、休憩又は睡眠のための時間及び勤務が終了した後の休息のための時間が十分に確保されるように、国土交通大臣が告示で定める基準に従って、運転者の勤務時間及び乗務時間を定め、当該運転者にこれらを遵守させなければならない。

正解　誤　り

　本問を間違ってしまった受験生は、問題文冒頭の"誰が"の部分を意識することを心がけよう。冒頭の「一般貨物自動車運送事業」という言葉を目にして、事業者の話と早とちりした受験生もいると思うが、その後「…の運行管理者」と続く。**運転者の勤務時間と乗務時間の定めは、事業者の義務なので、誤っている。**

一般貨物自動車運送事業の運行管理者は、休憩又は睡眠のための時間及び勤務が終了した後の休息のための時間が十分に確保されるように、国土交通大臣が告示で定める基準に従って定められた勤務時間及び乗務時間の範囲内において乗務割を作成し、これに従い運転者を事業用自動車に乗務させなければならない。

正解　正しい

ある運行管理者が、事業者が定めた勤務時間及び乗務時間の範囲内で、運転者が過労とならないよう十分考慮しながら、天候や道路状況などもあわせて考え、乗務割を作成した。なお、当該乗務割は、早めに運転者に知らせるため、1ヵ月分程度の予定を事前に示し、これに従って運転者に乗務させている。適切な業務といえるか。

正解　適　切

第1章　貨運法関係

32 運行管理者の業務（業務禁止）

問2、問24〜問28

重要度
★★★

運行管理者は、酒気を帯びた者や安全な運転ができないおそれがある者を事業用自動車の運行の業務に従事させてはならない。この義務は「事業者」にもあるが、押さえておきたいポイントがある。

アルコール濃度が低い乗務員の業務禁止

歩こう農道！
（アルコール濃度の）

少しも乗せるな！
（基準未満でも業務させてはならない）

道交法施行令で規定されるアルコール濃度の基準未満であっても、運行管理者は、酒気を帯びた者を運行の業務に従事させてはならない。

速攻攻略!!

①運行管理者は、乗務員等の健康状態の把握に努め、酒気を帯びた状態にある乗務員等はもちろん、疾病、疲労、睡眠不足その他の理由により安全な運転、又はその補助をすることができないおそれがある乗務員等を事業用自動車の運行の業務に従事させてはならない。

②道交法施行令で規定されるアルコール濃度の基準未満であったとしても、酒気帯びと検知されれば運行の業務に従事させてはならない。

　32ページでも触れたように、**上記の義務は「事業者」に対してもある。**

　そして、**上記②について、道交法施行令44条の3では、呼気中のアルコール濃度1リットル当たり0.15ミリグラム以上の濃度で「酒気帯び」になる**と規定しているが、**この数値未満であっても、酒気帯びと検知された場合、その者を運行の業務に従事させてはならない。**

一般貨物自動車運送事業の運行管理者は、乗務員等の健康状態の把握に努め、疾病、疲労、睡眠不足その他の理由により安全な運転をし、又はその補助ができないおそれがある乗務員等及び酒気を帯びた状態にある乗務員等を事業用自動車の運行の業務に従事させてはならない。

正解　正しい

運行管理者が業務前の点呼において、乗務員等の酒気帯びの有無を確認するためアルコール検知器（国土交通大臣が告示で定めたもの。以下同じ。）を使用し測定をした結果、アルコールを検出したが、道路交通法施行令第44条の3（アルコールの程度）に規定する呼気中のアルコール濃度1リットル当たり0.15ミリグラム未満であったので、乗務させた。当該行為は適切か。

正解　不適切

運行管理者は、道交法施行令で規定される**数値未満**であっても、**酒気帯びと検知された者を運行の業務**に従事させてはならない。

運行管理者が業務前の点呼において、運転者の健康状態等について顔色、動作、声等を確認したところ、普段の状態とは違っており、健康状態に問題があり安全な運転に支障があると感じた。本人に確認すると、「昨日から熱があるが、風邪薬を飲んでいるので安全な運転に支障はない。」との報告があった。代わりとなる運転者がいなかったこともあり、当該運転者を乗務させた。当該行為は適切か。

正解　不適切

運行管理者は、**安全な運転ができないおそれがある乗務員等を運行の業務**に従事させてはならない。本人が支障ないと言っても、「安全な運転に支障があると感じた」以上、当該運転者を乗務させるべきではない。

運転者は、営業所に帰庫する途中に体調が悪くなり、このままでは運行の継続ができないと判断し、近くの場所に安全に駐車して運行管理者に連絡をした。運行管理者は運転者に対し、しばらくその場所にて休憩を取り、営業所にも近いことから、自らの判断で運行を再開するよう指示した。当該運行管理者の行為は適切か。

正解　不適切

　運行管理者は疾病、疲労、睡眠不足その他の理由により**安全な運転**をすることができないおそれがある運転者を事業用自動車の運行の業務に従事させてはならない。本問の運転者は、運行の継続ができないと自ら判断して運行管理者に連絡をとってきたところ、運行管理者としては、その時点で**運行を中止**するよう指示すべきであった。にもかかわらず、運転者に対し自らの判断で運行を再開するよう指示している措置は、事故につながりかねないものであり、**適切ではない**。

 ちょこっとコメント

　上記の問題では、運行管理者は運転者に対して、「**自らの判断**」で運行を再開するように指示している。運行管理者は、運行の安全確保を担う者である以上、運行の安全にかかわる判断を運転者に任せることは、厳しい言い方をすれば職務放棄に近く、**その点でも不適切な対応**といえる。
　近年の試験では、「**判断を運転者に任せる**」という事例問題が度々出題されている。もちろん、事業用自動車の運転に関するすべての判断を運行管理者が行うわけではないが、基本的には、判断を運転者任せにする行為は不適切となる。例えば、異常気象等の特別な状況下において、運行を続けるか否かという判断を運転者に任せる運行管理者の指示は、不適切なものと考えてよい。

33 運行管理者の業務（点呼）

問2～問4、問24以降

重要度
★★★

点呼は、48ページから「事業者」の義務として確認したが、「運行管理者」の義務としても内容は同じだ。ここでは"おさらい"と追加の知識を確認する。

補助者による点呼の上限

サブニ～テンコダ～♪
（総回数の3分の2未満、点呼）

ほう、ジョーク？
（補助者）

補助者による点呼は、その営業所の点呼の総回数の3分の2未満まで。

速攻攻略!!

①運行管理者は、安全規則7条の規定（＝48ページから見た事業者に対する点呼の規定）により、運転者等に対して点呼を行う。つまり、**運行管理者**には、**点呼について「事業者」と同じ義務がある。**

②点呼の際に行うことは、**報告を求め、確認を行い、指示を与え、記録し、その記録を保存し、アルコール検知器を常時有効に保持する**ことである。

③点呼は、**補助者を使って行うこともできるが、その営業所での点呼の総回数の3分の2未満でなければならない。**逆にいえば、**運行管理者は、少なくともその営業所での点呼の総回数の3分の1以上は、自ら行わなければならない。**

　上記①のように、運行管理者に対する点呼の義務は、事業者と同じなので、詳しい内容は48ページ以降で確認してほしい。ここでの追加知識は、③の補助者による点呼の限度である。

運行管理者の業務を補助させるために選任された補助者に対し、点呼の一部を行わせる場合にあっても、当該営業所において選任されている運行管理者が行う点呼は、点呼を行うべき総回数の3分の1以上でなければならない。

正解　正しい

　補助者による点呼は、その営業所での点呼の総回数の**3分の2未満**でなければならない。逆にいえば、運行管理者は、少なくともその営業所での点呼の総回数の**3分の1以上**は、自ら行わなければならない。

次の記述のうち、貨物自動車運送事業の事業用自動車の運転者（以下「運転者」という。）に対する業務終了後の点呼（運転者の所属する営業所において対面で行うものに限る。）において、運行管理者が法令の定めにより実施しなければならない事項として【正しいものを1つ】選びなさい。

1．「道路運送車両法第47条の2第1項及び第2項の規定による点検（日常点検）の実施又はその確認」について報告を求め、及び確認を行う。
2．「酒気帯びの有無」について、運転者の状態を目視等で確認するほか、当該運転者の属する営業所に備えられたアルコール検知器（国土交通大臣が告示で定めるもの。）を用いて確認を行う。
3．「運行中の疾病、疲労、睡眠不足その他の理由により安全な運転をすることができないおそれの有無」について運転者に対して報告を求め、確認を行う。
4．運送依頼事項及び貨物の積載状況について報告を求め、及び確認を行う。

正解　2

　本問は48ページ以降のおさらいとなるが、**「業務後」**の点呼事項に、日常点検と**疾病、疲労、睡眠不足その他の理由により安全な運転をすることができないおそれの有無は含まれない。**酒気帯びの有無の確認は含まれる。

34 運行管理者の業務（運行記録計）

問5〜問8、問26

── 重要度 ──
★★

運行記録計については、一般貨物自動車運送事業者等に対する義務規定を確認したうえで、運行管理者がその記録をどのように使うかを確認しておこう。

運行記録計での記録が必要な乗務

積み合わせた梨（ナ・シ）
（車両総重量7トン以上又は最大積載量4トン以上の自動車等、特別積合わせ貨物運送）

必要な記録
（運行記録計の記録が必要な乗務）

運行記録計の記録の保存期間

うん、この記録で
（運行記録計の記録）

一念発起
（1年間保存）

速攻攻略!!

①一般貨物自動車運送**事業者等**（以下「**事業者等**」とする）**は**、②の事業用
　自動車に係る運転者等の業務について、**当該自動車の瞬間速度、運行距離**
　及び運行時間を、運行記録計により記録する。
②**記録が必要な業務**は、以下のものである。
　ア　車両総重量が**7トン以上**又は最大積載量が**4トン以上**の普通自動車で
　　ある事業用自動車
　イ　車両総重量が**7トン以上**又は最大積載量が**4トン以上**の普通自動車で
　　ある事業用自動車に該当する被けん引自動車をけん引する**けん引自動車**
　　である事業用自動車
　ウ　**特別積合せ貨物運送**に係る運行系統に配置する事業用自動車
③事業者等は、**この記録を1年間保存**しなければならない。
④60ページから解説した**業務記録**は、**運行記録計による記録で代える**ことが
　できる。この場合、当該事業者等は、**運行記録計で記録された以外の記録**
　事項を運転者等ごとに、運行記録計による記録に付記させる。
⑤**運行管理者**には、この**記録を管理し、保存する義務**がある。

　「速攻攻略!!」で示したとおり、**運行記録計による記録を行う義務**は、
事業者等にある。他方、運行記録計に関する**運行管理者の義務**は、その**記録を管理し、保存をする義務**である（保存義務は、事業者にもある）。

ONE POINT!! ちょこっとコメント

　そもそも運行記録計とは、自動車に設置することで、自動的に瞬間速度、運行距離、運行時間等を記録してくれる機器である。近年では「**デジタル式運行記録計**」が普及しており、これは上記記録に加え、急発進、急ブレーキ、速度超過時間等の各種運行データの収集を可能にするため、**運転者の運転特性を把握し、運転者の安全運転指導に活用**することができる。

一般貨物自動車運送事業者（以下「事業者」という。）の事業用自動車に係る運行記録計（道路運送車両の保安基準の規定に適合する運行記録計。以下同じ。）による記録についての次の記述のうち、【誤っているものを1つ】選びなさい。

1．事業者は、法令に定める事業用自動車に係る運転者等の業務について、当該事業用自動車の瞬間速度、運行距離及び運行時間を運行記録計により記録し、かつ、その記録を3年間保存しなければならない。

2．事業者は、車両総重量が7トン以上又は最大積載量が4トン以上の普通自動車である事業用自動車に係る運転者等の業務について、運行記録計による記録を行わなければならない。

3．事業者は、車両総重量が7トン以上又は最大積載量が4トン以上の普通自動車である事業用自動車に該当する被けん引自動車をけん引するけん引自動車である事業用自動車に係る運転者等の業務について、運行記録計による記録を行わなければならない。

4．事業者は、特別積合せ貨物運送に係る運行系統に配置する事業用自動車に係る運転者等の業務について、運行記録計による記録を行わなければならない。

正解　1

　運行記録計による記録の保存期間は、1年間である。よって、選択肢1が誤っている。なお、他の選択肢については正しい。

貨物自動車運送事業の運行管理者は、法令に規定する「運行記録計」を管理し、及びその記録を保存する。

正解　正しい

当該事業所の運行管理者は、運行記録計により記録される「瞬間速度」、「運行距離」及び「運行時間」等により、運転者の運行の実態や車両の運行の実態を分析し、運転者等の日常の業務を把握し、過労運転の防止及び運行の適正化を図る資料として活用しており、この運行記録計の記録を1年間保存している。この行為は適切か。

正解　適　切

運行記録計には、**瞬間速度、運行距離、運行時間**等のデータが記録される。これを分析して、運転者等の日常の業務を把握し、過労運転防止及び運行適正化の資料として活用することは、運行管理者として**適切**な行為である。

デジタル式運行記録計は、自動車の運行中、交通事故や急ブレーキ、急ハンドルなどにより当該自動車が一定以上の衝撃を受けると、衝突前と衝突後の前後10数秒間の映像などを記録する装置であり、事故防止対策の有効な手段の一つとして活用されている。

正解　誤　り

本問は、**ドライブレコーダー**についての説明であり、**誤っている**。

■ デジタル式運行記録計 ■

記録できるもの

瞬間速度
運行距離
運行時間
ー 運行データ ー
↓
急発進
急ブレーキ
速度超過時間等

このようなボックスタイプのものが多い。

➡これにより…
運転者の**運転特性**を把握でき、運転者等ごとの**安全運転指導**に活用することができるほか、各運転者の**運行実績表**、**業務記録**等が容易に作成できる。

35 運行管理者の業務 （指導監督）

問2、問3、問26以降

重要度
★★★

貨物自動車運送事業者（以下「事業者」とする）だけではなく、運行管理者にも運転者等への指導及び監督の義務がある。事業者と運行管理者の義務の違いを確認しておこう。

事故防止対策の従業員への指導及び監督

管理者が行う
（運行管理者の業務）

帽子対策
（事故防止対策の指導及び監督）

速攻攻略!!

①**運行管理者**には、運転者及び補助者に対する**指導及び監督、特別な指導**について、**基本的には、事業者と同様の義務**がある。

　→「事業者」に対する指導及び監督等の義務は、67ページ以降参照。

ただし、**異なる点**として、

②**運行管理者**には、事故報告規則5条に基づき「事故防止対策」が定められた場合、この対策について、**従業員へ指導及び監督を行う義務**がある。

③輸送の安全に関する基本的な方針について、**運行管理者に策定する義務はない**。これは**事業者の義務**である。

　上記①のように、運行管理者に対する指導及び監督等の義務は、基本的には事業者と同じなので、詳しい内容は67ページ以降を確認してほしい。学習のスタンスとしては、事業者と同じ義務が運行管理者にもあると考え、**運行管理者と事業者**について、上記②と③の違いを記憶しておけばよい。

次の記述のうち、運行管理者の行わなければならない業務として【正しいものをすべて】選びなさい。なお、解答にあたっては、各選択肢に記載されている事項以外は考慮しないものとする。

1．自動車事故報告規則第5条（事故警報）の規定により定められた事故防止対策に基づき、事業用自動車の運行の安全の確保について、従業員に対する指導及び監督を行うこと。
2．法令の規定により、従業員に対し、効果的かつ適切に指導及び監督を行うため、輸送の安全に関する基本的な方針の策定その他の国土交通大臣が告示で定める措置を講ずること。

正解　1

輸送の安全に関する基本的な方針について、策定する義務があるのは事業者である。運行管理者には、その義務はない。

ここで指導及び監督等の内容に限らず、「運行管理者の業務」に関するまとめ的な問題を確認しておこう。

次の記述のうち、一般貨物自動車運送事業の運行管理者の行わなければならない業務として【正しいものを2つ】選びなさい。

1．法令に規定する運行管理者資格者証を有する者又は国土交通大臣が告示で定める運行の管理に関する講習であって国土交通大臣の認定を受けたもの（基礎講習）を修了した者のうちから、運行管理者の業務を補助させるための者（補助者）を選任すること並びにその者に対する指導及び監督を行うこと。
2．法令の規定により、運行指示書を作成し、及びその写しに変更の内容を記載し、運転者等に対し適切な指示を行い、運行指示書を事業用自動車の運転者等に携行させ、及び変更の内容を記載させ、並びに運行指示書及びその写しの保存をすること。

3．事業用自動車の保管の用に供する自動車車庫を営業所に併設すること。

4．事業用自動車に備えられた非常信号用具及び消火器の取扱いについて、当該事業用自動車の乗務員等に対する適切な指導を行うこと。

正解　2と4

　選択肢1について、**補助者の選任は、事業者の業務**である（安全規則18条3項、46ページ参照）。**運行管理者は、選任された補助者に対する指導及び監督を行うにとどまる**（同規則20条1項16号）ため、誤っている。

　選択肢2については、本肢どおりの規定があり正しい（同規則9条の3、20条1項12号の2）。なお、**同様の義務は事業者等にもある**（64ページ参照）。
　このような選択肢が出ると悩むと思うが、本書で「これは事業者のみの義務（業務）」とか、「運行管理者のみの義務（業務）」などと**特に解説していないものは、事業者と運行管理者に共通する義務（業務）**と考えておき、どちらか一方のみの義務（業務）であると**特に書いてあるものを意識**しておけば、試験には対応できるはずだ。

　選択肢3については、あまり出題されない内容なので、ここまで解説はしていないので、ここで確認しておいてほしい。**自動車「車庫」を営業所に併設することは、事業者の義務**であり（同規則6条）、**運行管理者の義務ではない**。

　選択肢4については、正しい（同規則10条4項、20条1項14号）。事業用自動車に備えられた**非常信号用具及び消火器の取扱い**について、当該事業用自動車の**乗務員等に対する適切な指導**を行うことは、**事業者にも義務があるし**（67ページ参照）、**運行管理者にも義務がある**。

第1章　貨運法関係

36 事故報告規則（事故の定義）

問5〜問7、問26

重要度
★★★

事故報告規則については、毎回出題される超頻出事項だ。特にここで紹介する「事故の定義」は、毎回どれかが出題されると考えておき、最終的にはすべて答えられるようにしておきたい。

事故報告規則における「重傷者」

住所に
（「重傷者」に該当するには）

少なくニューイヤ！
（少なくとも入院を要する）

東京都〇〇区〇〇
ニューイヤー
佐藤　星太様

速攻攻略‼

①**事故報告規則で定める「事故」を**起こした場合、各事業者や自動車の使用者は、当該事故があった日から**30日以内に、事故ごとに報告書3通を、運輸監理部長又は運輸支局長を経由して、国土交通大臣に提出する。**

→「事故」の内容は、次ページのプラスα参照。

②「自動車が転覆」した事故における**「転覆」とは、自動車が道路上で路面と35度以上の傾斜をしたもの**である。

→正確な角度を覚えていなくとも、例えば、**運転席が下になっていれば90度の傾斜**なので、**転覆に当たる。**

③「自動車が転落」した事故における**「転落」とは、落差が0.5メートル以上**のものである。

④試験対策上は、「死者又は重傷者を生じた」事故における**「重傷者」は、少なくとも入院を要する**ものと考えておく。

事故報告規則に関する問題では、**具体的な事故事例**において、**同規則の「事故」に該当するのか**問われる。「速攻攻略‼」ではポイントを紹介しているが、ここはどの条文からも、まんべんなく出題されるので、最終的には次の「事故」の定義をすべて覚えたい。ここは一問一答形式でたくさんの問題を紹介するので、何度も問題を解いて、知識を定着させよう。

プラスα 　事故報告規則における主な「事故」

①自動車が転覆、転落、火災（積載物品の火災を含む）を起こしたもの

②鉄道車両（軌道車両を含む）と衝突・接触したもの

③10台以上の自動車の衝突又は接触を生じたもの

④死者又は重傷者を生じたもの

　→「重傷者」とは、❶脊柱、上腕又は前腕、大腿又は下腿の骨折、❷内臓の破裂、❸入院を要し、かつ、30日以上の医師の治療を要するもの、❹14日以上の入院を要するもの

⑤10人以上の負傷者を生じたもの

⑥自動車の積載物（※）の全部・一部が飛散・漏えいしたもの

　※一定の危険物、火薬類、高圧ガス、核燃料物質や汚染物、毒物・劇物といった危険なものに限る。

⑦自動車に積載された**コンテナ**が落下したもの

⑧酒気帯び運転、無免許運転、麻薬等運転を伴うもの

⑨運転者等の疾病により、**運行を継続することができなくなった**もの

⑩救護義務違反があったもの

⑪自動車の装置の故障により、自動車が**運行できなくなった**もの

⑫車輪の脱落、故障により被けん引自動車の分離を生じたもの

⑬橋脚、架線その他の鉄道施設を損傷し、**3時間以上本線において鉄道車両の運転を休止**させたもの

⑭高速自動車国道又は自動車専用道路において、**3時間以上自動車の通行を禁止**させたもの

　では、一問一答形式で問題を確認していこう。**以降の自動車事故に関する事例**では、一般貨物自動車運送事業者が**事故報告規則に基づく国土交通大臣への報告を要する**だろうか。

事業用自動車の運転者が運転操作を誤り、当該事業用自動車が道路の側壁に衝突した後、運転席側を下にして横転した状態で道路上に停車した。この事故で、当該運転者が10日間の医師の治療を要する傷害を負った。

正解　要する

　後半の「10日間の医師の治療」のくだりに注目してしまう受験生も多いと思うが、ポイントは「運転席側を下にして横転」が「自動車が転覆」に当たるか否かである。**「転覆」とは、**自動車が道路上で**路面と35度以上の傾斜**をしたものなので、**「転覆」に当たり、報告を要する。**

事業用自動車が雨天時に緩い下り坂の道路を走行中、前を走行していた自動車が速度超過によりカーブを曲がりきれずにガードレールに衝突する事故を起こした。そこに当該事業用自動車が追突し、さらに後続の自動車も次々と衝突する事故となり、9台の自動車が衝突し10名の負傷者が生じた。

正解　要する（10人以上の負傷者を生じている）

事業用自動車が右折の際、原動機付自転車と接触し、当該原動機付自転車が転倒した。この事故で、原動機付自転車の運転者に通院による30日間の医師の治療を要する傷害を生じさせた。

正解　要しない

　「**30日間の医師の治療を要する傷害**」は「重傷者」に当たらない。「重傷者」に該当する傷害は、少なくとも**入院を要する**ものと考えておこう。なお、前ページのプラスα④の❶❷は、入院不要だ。

事業用自動車が、高速自動車国道法に定める高速自動車国道を走行中、前方に事故で停車していた乗用車の発見が遅れたため、当該乗用車に追突した。そこに当該事業用自動車の後続車5台が次々と衝突する多重事故となった。この事故で、当該高速自動車国道において2時間にわたり自動車の通行が禁止となった。

正解　要しない

いわゆる"高速"や自動車専用道路の通行を止める事故も、報告を要する場合があるが、**3時間以上の通行を止める**ものでなければ該当しない。

事業用自動車の運転者がハンドル操作を誤り、当該自動車が車道と歩道の区別がない道路を逸脱し、当該道路との落差が0.3メートルの畑に転落した。

正解　要しない

自動車の「転落」に該当するためには、**0.5メートル以上の落差の転落**が必要である。ここでもう1つゴロ合わせを紹介しておこう。

事故防止規則における「転落」

レッツ・ゴー！と
（0.5メートル以上の落差で）

転落す
（「転落」に該当する）

事業用自動車の運転者が走行中に意識がもうろうとしてきたので直近の駐車場に駐車させ、その後の運行を中止した。後日、当該運転者は脳梗塞と診断された。

正解　要する（運転者等の疾病により、運行の継続ができなくなった）

事業用自動車が走行中、アクセルを踏んでいるものの速度が徐々に落ち、しばらく走行したところでエンジンが停止して走行が不能となった。再度エンジンを始動させようとしたが、燃料装置の故障によりエンジンを再始動させることができず、運行ができなくなった。

正解　要する（自動車の装置の故障で、自動車の運行ができなくなった）

事業用自動車が踏切を通過中、その先の道路が渋滞していたため前車に続き停車したところ、当該自動車の後部が踏切内に残った状態となり、そこに進行してきた列車と接触事故を起こした。

正解　要する（鉄道車両と衝突・接触している）

事業用自動車の運転者がハンドル操作を誤り、当該自動車が道路の側壁に衝突した。その衝撃により積載されていた消防法第2条第7項に規定する危険物である灯油の一部が道路に漏えいした。

正解　要する（積載していた危険物を漏えい）

事業用自動車を含む10台の自動車が衝突し、この事故で5名が負傷した。

正解　要する（10台以上の自動車の衝突又は接触を生じている）

37 事故報告規則（速報）

問5〜問7

重要度
★★

事故報告規則の「速報」については、3回に1回くらいの頻度で1問分が出題される。前ページまでの「事故の定義」と混同しないように、しっかりと話を区別して押さえておくこと。

「速報」を要する事故（積載物の飛散・漏えい）

チリが漏れたのは
（積載物が飛散・漏えい）
ショートタッチで転がり
火が付いたから
（衝突・接触、転覆、転落、火災発生）

速攻攻略!!

①各事業者や自動車の使用者は、**一定の重大事故**を起こした場合や国土交通大臣の指示があったとき、電話その他適当な方法により、**24時間以内**のできる限り速やかに、**事故の概要**を運輸監理部長又は運輸支局長に**速報しなければならない**。

②**「速報」を要する事故**は、次のものである。

　ア　**2人以上の死者又は5人以上の重傷者**を生じた事故

　イ　**10人以上の負傷者**を生じた事故　→「報告」と同じ。

　ウ　自動車が「**衝突・接触、転覆、転落、火災を発生**」させて、「**積載物が飛散・漏えい**」する事故　→「衝突・接触、転覆、転落、火災を発生」から「積載物が飛散・漏えい」という連続性が必要である。

　エ　**酒気帯び運転を伴う事故**

　　→疾病や麻薬等に伴う事故では、速報を要しない。

　ざっくりと言えば、重大な事故については、103ページまでの報告（書）のみではなく、事故の「速報」を行わねばならないということだ。単なる報告のみで足りるものと、「速報」を要するものとの区別をしっかりとしておくこと。

　では、ここでも一問一答形式で問題を確認していこう。**以降の自動車事故に関する事例**では、一般貨物自動車運送事業者が運輸支局長等に対して、**事故報告規則に基づく「速報」を要するだろうか。**

　事業用自動車が走行中、鉄道施設である高架橋の下を通過しようとしたところ、積載していたコンテナの上部が橋桁に衝突した。この影響で、2時間にわたり本線において鉄道車両の運転を休止させた。

正解　要しない

　消防法に規定する危険物である灯油を積載した事業用のタンク車が、運搬途中の片側1車線の一般道のカーブ路においてハンドル操作を誤り、転覆し、積み荷の灯油の一部がタンクから漏えいする単独事故を引き起こした。この事故で、当該自動車の運転者が軽傷を負った。

正解　要する（自動車が転覆→危険物が漏えいという連続性あり）

　事業用自動車が高速道路を走行中、前方に渋滞により乗用車が停止していることに気づくのが遅れ、追突事故を引き起こした。この事故で、乗用車に乗車していた5人が重傷（自動車事故報告規則で定める傷害のものをいう。以下同じ。）を負い、当該道路の通行が3時間禁止された。

正解　要する（5人以上の重傷者が生じている）

事業用自動車が信号のない交差点を通過しようとした際、交差する右方の道路から進行してきた二輪車を避けようとして、誤って前方の歩道に乗り上げ、登校中の小学生の列に突っ込む事故を引き起こした。この事故で、歩道を歩いていた小学生のうち、4人が重傷、5人が軽傷を負った。

正解　要しない

　本問では、4人が重傷、5人が軽傷を負っているが、「10人以上の**負傷者を生じた事故**」ではない。また、「**5人以上の重傷者が生じた事故**」でもない。

事業用自動車が交差点において乗用車と出会い頭の衝突事故を起こした。双方の運転者は共に軽傷であったが、当該事業用自動車の運転者が事故を警察官に報告した際、その運転者が道路交通法に規定する酒気帯び運転をしていたことが発覚した。

正解　要する（酒気帯び運転を伴う事故である）

事業用自動車が、交差点で信号待ちで停車していた乗用車の発見が遅れ、ブレーキをかける間もなく追突した。この事故で、当該事業用自動車の運転者が30日の医師の治療を要する傷害を負うとともに、追突された乗用車の運転者が病院に15日間入院する傷害を負い、同乗者が死亡した。

正解　要しない

　本問では、1人が死亡しているが、「**2人以上の死者が生じた**」事故ではなく、また、1人が重傷を負っているが、「**5人以上の重傷者が生じた事故**」でもない。

第2章

車両法関係

攻略のカギ

車両法の分野では、**例年問9～問12までの4問分**が出題され、最も出題数の少ない分野です。ただし、**合格するためには最低1問以上は正解**しなければならないため、手を抜きすぎてしまい、4問すべてを間違ってしまうと、それだけで不合格となってしまいます。まず、**2問は正解できるように**学習しておきたいところです。

この分野でも、まずは**重要度「★★～★★★」**のものを丁寧、かつ、確実に押さえましょう。「★★★」の項目は4つ、「★★」の項目は9つしかありません。「★★★」の項目を押さえておけば少なくとも1問分は正解できるはずです。また、「★★」の多くは**保安基準**の知識であり、**このどこかからは出題**されるので、**もう1問分は正解できる**はずです。

|01 車両法の目的

問9	車両法の目的は、3回に1回くらいの頻度で出題されるが、穴埋め問題として出題されることもある。10ページから紹介した「貨運法」の目的と混同しないよう、セットで押さえておこう。
重要度 ★★	

車両法の目的（キーワード）

郊外の高所で醤油の
（公害の防止、所有権の公証等）

整備事業
（整備事業の健全な発達）

車両法の目的については、「所有権の公証等」、「公害の防止」等、自動車の「整備事業」の発達に注意しよう。

速攻攻略!!

車両法の目的は、

①道路運送車両に関し、**所有権についての公証等**を行い、

②**安全性の確保及び公害の防止**その他の環境の保全並びに整備についての**技術の向上**を図り、

③**自動車の整備事業の健全な発達**に資することにより、

④**公共の福祉の増進**を目的とする。

　車両法1条は、車両法の目的を規定する。上記赤字部分がよく問われるので、押さえておきたい。

　特に上記③の「整備」事業という点は、「製造」事業などと他の言葉と置き換えられて出題されることがある。すでにある自動車を「整備」することと、これから「製造」することは異なるのだ。

道路運送車両法の目的についての次の文中、A、B、C、Dに入るべき字句として【いずれか正しいものを1つ】選びなさい。

　この法律は、道路運送車両に関し、　A　についての公証等を行い、並びに　B　及び　C　その他の環境の保全並びに整備についての技術の向上を図り、併せて自動車の整備事業の健全な発達に資することにより、　D　ことを目的とする。

A　1．所有権　　　　　　　　2．取得
B　1．運行の安定性の確保　　2．安全性の確保
C　1．騒音の防止　　　　　　2．公害の防止
D　1．道路交通の発達を図る　2．公共の福祉を増進する

正解　A：1　B：2　C：2　D：2

道路運送車両法の目的についての次の記述のうち、【誤っているものを1つ】選びなさい。

1．道路運送車両に関し、所有権についての公証等を行うこと。
2．道路運送車両に関し、安全性の確保を図ること。
3．道路運送車両に関し、整備についての技術の向上を図ること及び自動車の製造事業の健全な発達に資すること。
4．道路運送車両に関し、公害の防止その他の環境の保全を図ること。

正解　3

　本問はヒッカケ問題である。選択肢3の何が誤っているのかと言えば、「製造」事業という部分であり、正しくは「整備」事業である。なお、前ページで紹介したとおり、他の選択肢は正しい。

|02| 自動車の登録等

問9

重要度
★★★

自動車の登録は、選択肢単位だが2回に1回は出題される頻出項目である。出題部分はほぼ決まっているので、ここで紹介する内容を押さえていれば、試験でも対応できるはずだ。

各種登録の申請期間

遠～くにある
（各種登録について）

神聖なイチゴ
（申請は15日以内）

速攻攻略!!

①自動車は、自動車登録ファイルに登録を受けなければ、**運行の用に供してはならない**。

②未登録自動車の**所有者**が、国土交通大臣に一定事項を記載した申請書等を提出し、**新たな自動車の登録を受けること**を**新規登録**という。

③所有者の氏名や住所、自動車使用の本拠の位置の変更など、所定の登録事項に**変更があった場合に行う登録**を**変更登録**という。

④自動車の**所有者を変更**する場合に行う登録を**移転登録**という。

⑤自動車の**用途の廃止**や、**滅失、解体**（整備又は改造のための場合を除く）があった場合に行う登録を**永久抹消登録**という。

⑥これらの**申請**は、各変更等があった日から**15日以内**に行う。
（新規登録は、新たな登録を受けようとする際に行う）

また、上記の**各種登録申請**は、自動車の「使用者」ではなく、**「（新）所有者」が行う**という点も押さえておこう。

自動車の所有者は、当該自動車の使用の本拠の位置に変更があったときは、道路運送車両法で定める場合を除き、その事由があった日から30日以内に、国土交通大臣の行う変更登録の申請をしなければならない。

正解　誤　り（申請は15日以内に行う）

登録自動車の所有者は、当該自動車が滅失し、解体し（整備又は改造のために解体する場合を除く。）、又は自動車の用途を廃止したときは、その事由があった日（使用済自動車の解体である場合には解体報告記録がなされたことを知った日）から15日以内に、永久抹消登録の申請をしなければならない。

正解　正しい

登録自動車の所有者は、自動車の用途を廃止したときは、その事由があった日から5日以内に、永久抹消登録の申請をしなければならない。

正解　誤　り（申請は15日以内に行う）

ONE POINT!! ちょこっとコメント

　自動車の登録に関する問題では、たまに**車両法で規定**される「**自動車の種別**」に関する選択肢が一緒に出題される。車両法に規定される自動車の種別は、自動車の大きさ、構造、原動機の種類、総排気量や定格出力を基準として定められ、**普通自動車、小型自動車、軽自動車、大型特殊自動車、小型特殊自動車の5種類**である。

　ポイントは、**道交法で規定される「準中型自動車」や「大型自動車」**という種別がないことだ。これも覚えておこう。

|03| 自動車登録番号標の表示等

問9

重要度
★★

自動車登録番号標とは、いわゆるナンバープレートのことだ。自動車登録番号標については、選択肢の1つとして、前ページまでの登録の話とセットで出題されることが多い。

自動車登録番号標の取り付け位置

前後が見やすい
（前面及び後面の見やすい位置）

2位はダメ！
（任意の位置はダメ）

速攻攻略!!

①**自動車登録番号標**は、自動車の運行中、登録番号が判読できるように、国土交通省令の定めに従い、**自動車の前面及び後面の見やすい位置**に確実に取り付けなければならない。

　　　　　　→任意の（好きな）位置に、取り付けてはならない。

②自動車の所有者は、自動車登録番号標を自動車に取り付ける場合、**国土交通大臣又は封印取付受託者**の行う**封印の取付け**を受けなければならない。

③登録自動車の所有者は、当該自動車の使用者が**自動車の使用の停止を命じ**られ、**自動車検査証を返納**したときは、遅滞なく、当該自動車登録番号標及び封印を取り外し、**自動車登録番号標について国土交通大臣の領置を受**けなければならない。

上記③の「領置」とは、任意に提出されたものなどを取得する手続である。要するに、自動車を使わなくなった場合、ナンバープレートと封印を取り外して、国土交通大臣に返却するイメージでよい。

また、「**封印**」とは、以下の図の部分である。これは国土交通大臣又は
封印取付受託者が行わなければならず、自ら勝手に行うことはできない。

封印とはココ！ →

自動車登録番号標
（ナンバープレート）

 予想問題

　自動車登録番号標及びこれに記載された自動車登録番号の表示は、国土
交通省令で定めるところにより、自動車登録番号標を自動車の前面及び
後面の任意の位置に確実に取り付けることによって行うものとする。

正解　誤り

　自動車登録番号標を自動車の**前面及び後面**に、確実に取り付けることに
よって行う点は正しいが、**任意の位置**に取り付けるわけにはいかない。

 予想問題

　登録自動車の所有者は、当該自動車の自動車登録番号標の封印が滅失し
た場合には、国土交通大臣又は封印取付受託者の行う封印の取付けを受
けなければならない。

正解　正しい

 予想問題

　登録自動車の所有者は、当該自動車の使用者が道路運送車両法の規定に
より自動車の使用の停止を命ぜられ、自動車検査証を返納したときは、
遅滞なく、当該自動車登録番号標及び封印を取りはずし、自動車登録番
号標について国土交通大臣の領置を受けなければならない。

正解　正しい

|04 臨時運行の許可

問 9

重要度
★★

臨時運行の許可については、3回に1回くらいの頻度で出題される。ここも出題される内容はほぼ同じなので、ここで紹介する内容を押さえていれば、試験でも対応できるはずだ。

臨時運行許可証等の返納期間

隣人が「変だのう？」
（臨時運行許可証等の返納期間は）

「マンゴーない？」
（満了日から5日以内）

速攻攻略!!

①臨時運行許可の有効期間は、5日を超えてはならない。

②臨時運行許可の**有効期間が満了**したとき、許可を受けた者は、その満了日から**5日以内**に、**臨時運行許可証及び臨時運行許可番号標を行政庁に返納**しなければならない。

③臨時運行の許可を受けた自動車は、国土交通省令で定める位置に、被覆しないよう、**臨時運行許可番号標**及びこれに**記載された番号**の識別に支障が生じないよう国土交通省令で定める方法で**表示**し、かつ、臨時運行許可証を**備え付けなければ**、これを**運行の用に供してはならない**。

　自動車は新規登録や自動車登録番号標の表示等をしなければ、原則として、運行の用に供してはならない。ただし、**臨時運行の許可**を受けたときは、例外的に、臨時運行許可証に記載された目的及び経路に従って運行の用に供することができる。ここはその許可証に関する話である。

臨時運行の許可を受けた者は、臨時運行許可証の有効期間が満了したときは、その日から15日以内に、当該臨時運行許可証及び臨時運行許可番号標を行政庁に返納しなければならない。

正解　誤　り

　臨時運行許可証の有効期間が満了したとき、臨時運行の許可を受けた者が、当該臨時運行許可証及び臨時運行許可番号標を行政庁に返納しなければならない期間は、**有効期間の満了日から 5 日以内**である。

■臨時運行許可証の有効・返納期間■

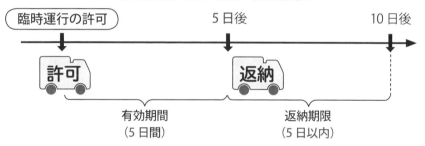

臨時運行の許可を受けた自動車を運行の用に供する場合には、臨時運行許可番号標及びこれに記載された番号を見やすいように表示し、かつ、臨時運行許可証を備え付けなければならない。また、当該臨時運行許可証の有効期間が満了したときは、その日から15日以内に、当該臨時運行許可証及び臨時運行許可番号標を行政庁に返納しなければならない。

正解　誤　り

　当該臨時運行許可証及び臨時運行許可番号標を行政庁に返納しなければならない期間は、**有効期間の満了日から 5 日以内**である。

|05| 保安基準の原則

問10、問11

重要度
★

「保安基準の原則」を規定する車両法46条が、たまに穴埋め問題として出題される。出題頻度は低いが、一度確認しておけば対応できると思うので、試験前に一読はしておこう。

保安基準の原則（キーワード）

ほわんと後悔
（保安上又は公害防止）

缶競歩
（その他環境保全）

速攻攻略!!

保安上又は公害防止その他の環境保全上の技術基準（保安基準）は、

①**道路運送車両の構造及び装置が運行に十分堪え**、操縦その他の使用のための**作業に安全である**とともに、

②**通行人その他に危害を与えない**ことを確保するものでなければならず、

③これにより**製作者又は使用者**に対し、自動車の製作又は使用について**不当な制限**を課することとなるものであっては**ならない**。

　上記のように、**保安基準は、道路運送（車両）の保安のみを目的とするものではなく、公害防止や環境保全を確保するための技術基準でもある**ことは、忘れがちなので注意しよう。

　過去問を見る限り、出題部分は上記赤字部分ばかりなので、そこを押さえていれば、試験には対応できるはずだ。

道路運送車両法第46条に定める「保安基準の原則」についての次の文中、A、B、Cに入るべき字句として【いずれか正しいものを1つ】選びなさい。

　自動車の構造及び自動車の装置等に関する保安上又は　A　その他の環境保全上の技術基準（「保安基準」という。）は、道路運送車両の構造及び装置が　B　に十分堪え、操縦その他の使用のための作業に安全であるとともに、通行人その他に　C　を与えないことを確保するものでなければならず、かつ、これにより製作者又は使用者に対し、自動車の製作又は使用について不当な制限を課するものであってはならない。

A　1．公害防止　　2．事故防止
B　1．衝撃　　　　2．運行
C　1．危害　　　　2．影響

正解　A：1　B：2　C：1

道路運送車両法第46条に定める「保安基準の原則」に関する次の文中、A、B、C、Dに入るべき字句の組合せとして【正しいものを1つ】選びなさい。

　自動車の構造及び自動車の装置等に関する　A　又は公害防止その他の環境保全上の技術基準（「保安基準」という。）は、道路運送車両の構造及び装置が　B　に十分堪え、操縦その他の使用のための作業に　C　であるとともに、通行人その他に　D　を与えないことを確保するものでなければならない。

	A	B	C	D
1．	整備上	運行	容易	危害
2．	保安上	衝撃	容易	不利益
3．	整備上	衝撃	安全	不利益
4．	保安上	運行	安全	危害

正解　4

06 点検及び整備（総論）

問10、問11

――重要度――
★★★

道路運送車両の点検及び整備は、車両法では毎回のように出題される頻出項目である。そもそも「点検及び整備」には、いくつかの種類があるため、まずは総論的な話から確認する。

定期点検の実施者と時期

か（Car）の使い
（自動車の使用者が行う）

定期的に見る三日月
（定期点検は3ヵ月ごと）

速攻攻略!!

①**自動車の使用者は**、自動車の点検をし、必要に応じて整備をすることで、当該自動車を保安基準に適合するように維持しなければならない。

　　　　　　　　　→これは**点検・整備の原則的規定**である。

②**事業用自動車の使用者又はその自動車を運行する者は、1日1回、その運行開始前に、灯火装置の点灯、制動装置の作動その他の日常的に点検すべき事項**について、**目視等により点検**しなければならない。

　　　　　　　　　→これは「**日常点検整備**」の話である。

③自動車運送事業の用に供する**自動車の使用者は、3ヵ月ごとに、国土交通省令で定める技術上の基準により、自動車を点検**しなければならない。

　　　　　　　　　→これは「**定期点検整備**」の話である。

④**これらの点検の結果、自動車が保安基準に適合しなくなるおそれがある状態又は適合しない状態にあるときは、使用者は、当該自動車について必要な整備をしなければならない。**

　前ページの「速攻攻略!!」の赤字部分を押さえれば、点検及び整備に関する総論的な問題は対応できる。

　注意しておきたいポイントは、**各種点検及び整備の実施者**は、原則として、**自動車の使用者**であり、**日常点検整備**だけ、**運行する者**も加わる点だ。**所有者**ではない。

自動車の点検整備等に関する次のア、イ、ウ、エの文中、A、B、C、Dに入るべき字句として【いずれか正しいものを1つ】選びなさい。

ア　自動車の　A　は、自動車の点検をし、及び必要に応じ整備をすることにより、当該自動車を道路運送車両の保安基準に適合するように維持しなければならない。

イ　自動車運送事業の用に供する自動車の使用者又は当該自動車を運行する者は、　B　、その運行の開始前において、国土交通省令で定める技術上の基準により、自動車を点検しなければならない。

ウ　自動車運送事業の用に供する自動車の使用者は、　C　ごとに国土交通省令で定める技術上の基準により、自動車を点検しなければならない。

エ　自動車運送事業の用に供する自動車の日常点検の結果に基づく運行可否の決定は、自動車の使用者より与えられた権限に基づき、　D　が行わなければならない。

A　1．所有者　　　　2．使用者
B　1．必要に応じ　　2．1日1回
C　1．3ヵ月　　　　2．6ヵ月
D　1．運行管理者　　2．整備管理者

　　　　　　　　　正解　A：2　B：2　C：1　D：2

　　D　については、次ページから触れる知識である。日常点検の結果、その自動車を運行するか否かの決定を行うのは、**整備管理者**である。

|07| 整備管理者

問10、問11

重要度
★

整備管理者については、選択肢の1つとして、前ページまでの点検及び整備の問題とセットで出題されることが多い。ただし、穴埋め問題での出題もあるので、予想問題で確認しておこう。

保安基準に関して、必要な指示ができる場合

保安官に合わない
（保安基準に適合しない場合）

使い方の指示
（使用方法等の必要な指示ができる）

速攻攻略!!

①一定の場合、**自動車の使用者は**、自動車の点検・整備に関する一定の要件を備える者のうちから、**整備管理者を選任**しなければならない。

②**日常点検の結果に基づく運行可否の決定は**、自動車の使用者より与えられた権限に基づき、**整備管理者が行う**。

③**地方運輸局長は**、自動車が保安基準に適合しなくなるおそれがある状態又は適合しない状態にあるとき（下記④の使用停止命令の場合を除く）は、**当該自動車の使用者に対し、必要な整備を行うことを命ずる**ことができる。

④**地方運輸局長は**、保安基準に適合しない状態にある当該自動車の使用者に対して、保安基準に適合するに至るまでの間の運行に関し、当該自動車の**使用方法又は経路の制限**その他の保安上又は公害防止その他の環境保全上、**必要な指示をすることができる**。自動車の使用者が**この命令等に従わない場合**、当該自動車の**使用を停止**することもできる。

　整備管理者は必ず選任しなければならないわけではなく、車両総重量 8 トン以上の自動車その他の国土交通省令で定める自動車であって国土交通省令で定める台数以上のものの使用の本拠ごとに、選任することが必要となる。

　なお、**整備管理者を選任する者も、地方運輸局長からの整備命令を受ける者も、自動車の使用者**という点は押さえよう。

> 道路運送車両法に定める自動車の整備命令等についての次の文中、A、B、Cに入るべき字句として【いずれか正しいものを1つ】選びなさい。
>
> 　地方運輸局長は、自動車が保安基準に適合しなくなるおそれがある状態又は適合しない状態にあるとき（同法第54条の2第1項に規定するときを除く。）は、当該自動車の　A　に対し、保安基準に適合しなくなるおそれをなくすため、又は保安基準に適合させるために必要な　B　を行うべきことを命ずることができる。この場合において、地方運輸局長は、保安基準に　C　にある当該自動車の　A　に対し、当該自動車が保安基準に適合するに至るまでの間の運行に関し、当該自動車の使用の方法又は経路の制限その他の保安上又は公害防止その他の環境保全上必要な指示をすることができる。
>
> A　1．使用者　　2．所有者
> B　1．整　備　　2．点　検
> C　1．適合しなくなるおそれがある状態　　2．適合しない状態

正解　A：1　B：1　C：2

　　C　について、**地方運輸局長が当該自動車の使用方法や経路の制限**などについて「**必要な指示**」ができるのは、**保安基準に適合しない状態**にある場合である。

　適合しない「おそれ」がある段階では、まだ適合はしているので、その**「おそれ」を回避する整備命令を出せるのみ**である。

08 日常点検基準

問10、問11

重要度
★

「日常点検整備」については、自動車点検基準という省令で定められる具体的な点検内容が出題されることがある。このうち出題されるものは、1日1回ではなく、適切な時期に行えばよいものである。

適切な時期に行えばよい日常点検整備（液量）

エンジン全開バッテリー
（エンジン・オイル、バッテリ）

「うおっしゃ！」と水飲む
（ウインド・ウォッシャ、冷却水）

速攻攻略!!

「日常点検整備」については、1日1回ではなく、「適切な時期」に行えばよいとされているものがある。それは、次のものである。

①**タイヤの溝の深さが十分**であること

②**バッテリの液量が適当**であること

③**ウインド・ウォッシャの液量が適当**であり、**噴射状態が不良でない**こと

④**ワイパーの払拭状態が不良でない**こと

⑤**原動機**について、**かかり具合が不良でなく**、かつ、**異音がない**こと、**低速及び加速の状態が適当**であること、**冷却水、エンジン・オイルの量が適当**であること、**ファン・ベルトの張り具合が適当**であり、かつ、**損傷がない**こと

　日常点検整備は原則として、1日1回行うものである。しかし、当該自動車の走行距離、運行時の状態等から判断した適切な時期に行えばよいものがあり、それが出題される。

事業用自動車の日常点検基準についての次の記述のうち、走行距離、運行時の状態等から判断した【適切な時期に点検を行えばよいとされているものを 2 つ】選びなさい。

1. タイヤに亀裂及び損傷がないこと。
2. バッテリの液量が適当であること。
3. 原動機のファン・ベルトの張り具合が適当であり、かつ、ファン・ベルトに損傷がないこと。
4. ブレーキ・ペダルの踏みしろが適当で、ブレーキの効きが十分であること。

正解　2 と 3

事業用自動車の日常点検基準についての次の記述のうち、走行距離、運行時の状態等から判断した【適切な時期に点検を行えばよいとされているものを 2 つ】選びなさい。

1. ブレーキの液量が適当であること。
2. タイヤの溝の深さが十分であること。
3. 灯火装置及び方向指示器の点灯又は点滅具合が不良でなく、かつ、汚れ及び損傷がないこと。
4. ワイパーの払拭状態が不良でないこと。

正解　2 と 4

 ちょこっとコメント

　適切な時期に行えばよい日常点検項目について、近年は出題頻度が下がっているので、余力があれば押さえておくという程度でよいであろう。

09 自動車検査証（総論）

問10、問11

― 重要度 ―

★★★

自動車検査証（いわゆる車検証）は、車両法の頻出項目である。まずは総論的な内容を確認するが、出題のされ方はほぼ同じなので、ここで紹介する問題が解けるようになれば大丈夫だ。

検査標章に記載されるもの

「表彰状」記載されるは
（検査標章に記載されるのは）

終わる時期
（有効期間の満了時期）

表彰状
○○○
×××　殿

令和二年十月満了

速攻攻略!!

①**自動車を運行の用に供する**ためには、原則として、国土交通大臣の行う検査を受け、**有効な自動車検査証の交付**を受けなければならない。

②国土交通大臣の行う自動車（検査対象外軽自動車及び小型特殊自動車を除く）の**検査は、新規検査、継続検査、臨時検査、構造等変更検査及び予備検査の5種類**である。

③**自動車検査証は自動車に備え付け**、かつ、**検査標章を表示**しなければならない。**検査標章は、自動車の前面ガラスの内側に、前方かつ運転者席から見やすい位置**に貼り付ける。

④**検査標章**には、**自動車検査証の有効期間の満了時期**が記載される。

→有効期間の**起算日ではない**。

⑤指定自動車整備事業者（いわゆる民間車検場）が交付した、**有効な保安基準適合標章を自動車に表示**しているときは、**自動車検査証の備付けや検査標章の表示がなくても、自動車を運行の用に供することができる**。

自動車は、指定自動車整備事業者が継続検査の際に交付した有効な保安基準適合標章を表示している場合であっても、自動車検査証を備え付けなければ、運行の用に供してはならない。

正解　誤り

いわゆる民間車検場である**指定自動車整備事業者**が交付した、**有効な保安基準適合標章**を表示している場合、**自動車検査証を備え付けていなくとも、当該自動車を運行の用に供することができる**。

自動車運送事業の用に供する自動車は、自動車検査証を当該自動車の所属する営業所に備え付けなければ、運行の用に供してはならない。

正解　誤り

自動車検査証の備付け場所は、当該自動車でよく、自動車が所属する営業所に備え付ける必要はない。

自動車に表示されている検査標章には、当該自動車の自動車検査証の有効期間の起算日が表示されている。

正解　誤り

検査標章には、自動車検査証の**有効期間の起算日**ではなく、**有効期間の満了時期**が表示されている。

国土交通大臣の行う自動車（検査対象外軽自動車及び小型特殊自動車を除く。以下同じ。）の検査は、新規検査、継続検査、臨時検査、構造等変更検査及び予備検査の5種類である。

正解　正しい

10 自動車検査証（有効期間）

問10、問11

― 重要度 ―
★★★

自動車検査証の有効期間も、毎回のように出題される頻出項目だ。少しややこしい話ではあるが、出題内容はほぼ固まっているので、予想問題も確認しつつ、慣れてしまおう。

自動車検査証の有効期間（例外）

初めての甲府
（初めて自動車検査証の交付を受ける）

ハッとして２年
（車両総重量８トン未満の貨物自動車運送事業用自動車は、２年）

速攻攻略!!

①事業用自動車の**自動車検査証**（以下「検査証」とする）の有効期間は、
原則→１年。
　　例外→**初めて自動車検査証の交付**を受ける**車両総重量８トン未満の貨物自動車運送事業用自動車**では、**２年**。

②**検査証の有効期間の起算日**（有効期間のカウントをはじめる日）は、
原則→**検査証の交付日又は当該検査証に有効期間を車両法第72条第１項の規定により記録する日**。
　　例外→検査証の**有効期間の満了日の１ヵ月前～満了日までに継続検査**を行い、当該検査証に有効期間を車両法第72条第１項の規定により記録する場合は、当該検査証の**有効期間の満了日の翌日**。

③例外的に、**一定の地域に使用の本拠の位置を有する自動車の使用者**が、**天災その他やむを得ない事由**により、**継続検査を受けることができない**と認めるとき、**国土交通大臣**は、当該自動車の検査証の有効期間を、**期間を定めて伸長する旨を公示**することができる。

「速攻攻略‼」の②と③に出てくる**継続検査**とは、自動車検査証の有効期間の満了後も当該自動車を使用しようとするときに受ける検査であり、いわゆる**車検**を受けるケースをイメージすればよい。

車検を受ける場合、当該検査証を国土交通大臣に提出するが、**国土交通大臣は、継続検査の結果**、自動車が**保安基準**に適合すると認めるときは、検査証に有効期間を記録して、自動車の使用者に返付し、**適合しないと認める**ときは、**当該検査証を使用者に返付しない**。

また、検査証の有効期間は、「速攻攻略‼」の①と②のとおりだが、車検が受けられる期間は限られているため、その期間内に天災等で車検が受けられないケースがありうる。その場合、**検査証の有効期間を延ばしてあげよう…というのが**③の話だ。

予想問題

初めて自動車検査証の交付を受ける車両総重量7,990キログラムの貨物の運送の用に供する自動車については、当該自動車検査証の有効期間は２年である。

正解　正しい

初めて自動車検査証の交付を受ける車両総重量８トン未満の貨物自動車運送事業用自動車の検査証の有効期間は、２年となる。

予想問題

自動車検査証の有効期間の起算日については、自動車検査証の有効期間が満了する日の２ヵ月前（離島に使用の本拠の位置を有する自動車を除く。）から当該期間が満了する日までの間に継続検査を行い、当該自動車検査証に有効期間を車両法第72条第１項の規定により記録する場合は、当該自動車検査証の有効期間が満了する日の翌日とする。

正解　誤り

検査証の有効期間の**起算日**について、当該検査証の有効期間が満了する日の翌日となるのは、自動車検査証の有効期間が満了する日の**１ヵ月前**か

ら満了日までに継続検査を行った場合である。

　なお、本問における「(離島に使用の本拠の位置を有する自動車を除く。)」という部分は、正しい。ここで、検査証の有効期間の「起算日」についての例外についても、ゴロ合わせを紹介しておこう。

検査証の有効期間の「起算日(例外)」

続く一家前から一万両
(満了日の1ヵ月前〜満了日まで
に継続検査を行う場合)

次の日から数える
(満了日の翌日が起算日)

 予想問題

　自動車検査証の有効期間の起算日は、当該自動車検査証を交付する日又は当該自動車検査証に有効期間を車両法第72条第1項の規定により記録する日とする。ただし、自動車検査証の有効期間が満了する日の1ヵ月前から当該期間が満了する日までの間に継続検査を行い、当該自動車検査証に有効期間を記録する場合は、当該自動車検査証の有効期間が満了する日の翌日とする。

正解　正しい

 **予想問題**

　国土交通大臣は、一定の地域に使用の本拠の位置を有する自動車の使用者が、天災その他やむを得ない事由により、継続検査を受けることができないと認めるときは、当該地域に使用の本拠の位置を有する自動車の自動車検査証の有効期間を、期間を定めて伸長する旨を公示することができる。

正解　正しい

第 2 章　車両法関係

11 自動車検査証（その他）

問10、問11

重要度
★★

自動車検査証について、その他のよく問われる知識をまとめて確認しておく。なお、自動車検査証に関する09〜11の知識は、1つの問題でセットで出題されることが多い。

自動車検査証記録事項の変更

変わったシャケが
（自動車検査証記録事項の変更で）
以後、大事に記録
（15日以内に、国土交通大臣の変更記録）

速攻攻略!!

①自動車の**使用者**は、自動車の**長さ、幅又は高さ**など、**自動車検査証記録事項**に**変更**があったときは、その事由があった日から**15日以内**に、**当該変更**について、**国土交通大臣が行う自動車検査証の変更記録**を受けなければならない。

②上記の変更によって、自動車が**保安基準に適合しなくなるおそれがある場合**、国土交通大臣は、**構造等変更検査を受けるべきことを命じる。**

③自動車の**使用者**は、**継続検査を申請する際**、車両法第67条（自動車検査証記録事項の変更及び構造等変更検査）の規定による**自動車検査証への変更記録の申請をすべき事由**があるときは、あらかじめ、その申請をしなければならない。

　上記②の「**構造等変更検査**」とは、自動車の長さ・幅・高さ・最大積載量・乗車定員・車体の形状などを変更したことにより、その自動車が保安基準に適合しないおそれがある場合、受けなければならない検査である。

この辺は深く考えず、**自動車検査証記録事項に変更があったときは、15日以内に国土交通大臣の変更記録を受けなければならない**んだな…、**継続検査を受ける際に、その記録の申請が必要となる場合は、あらかじめの申請が必要**なんだな…、**保安基準に適合しなくなりそうな場合、国土交通大臣は構造等変更検査を命じる**んだな…と、そのまま覚えておけばよい。

　自動車の使用者は、自動車の長さ、幅又は高さを変更したときは、道路運送車両法で定める場合を除き、その事由があった日から30日以内に、当該事項の変更について、国土交通大臣が行う自動車検査証の変更記録を受けなければならない。

正解　誤　り（事由があった日から15日以内である）

　自動車の使用者は、継続検査を申請する場合において、道路運送車両法第67条（自動車検査証記録事項の変更及び構造等変更検査）の規定による自動車検査証の変更記録の申請をすべき事由があるときは、あらかじめ、その申請をしなければならない。

正解　正しい

 ちょこっとコメント

　細かい知識であるが、自動車の使用者は、自動車検査証が滅失、き損、その識別が困難となった場合、また、その他国土交通省令で定める場合には、その再交付を受けることができる。

第 2 章　車両法関係

12 保安基準（長さ・幅・高さ等）

問12

重要度

★★

保安基準とその細目告示の規定は多く、そのうちのどこかから毎回のように出題される。ただし、出題される項目はほぼ限られているので、本書で紹介する知識を押さえていれば、対応できるはずだ。

自動車の長さ、幅、高さの制限

長さがいーねと
（長さは12メートルまで）

母がにっこり高い散髪
（幅は2.5メートルまで、
高さは3.8メートルまで）

速攻攻略!!

① 自動車の長さ、幅及び高さには、次の制限がある。

- ・長さ→12メートルまで（セミトレーラは、連結装置中心から当該セミトレーラの後端までの水平距離）
- ・幅→2.5メートルまで
- ・高さ→3.8メートルまで

② 貨物運送の用に供する普通自動車で、**車両総重量が 8 トン以上又は最大積載量が 5 トン以上のものの**原動機には、自動車が**時速90キロメートルを超えて走行しないよう**燃料の供給を調整し、かつ、自動車の速度の制御を円滑に行うことができる**速度抑制装置を備えなければならない。**

　保安基準に関しては、保安基準のみならず、細目告示という、より具体的で細かい規定があり、これらの規定内容が問われる。出題部分は限られるので、ポイントを確認していく。

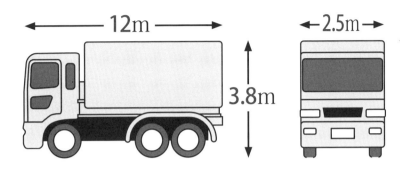

■自動車の長さ、幅、高さの制限のイメージ■

←──── 12m ────→　　←─ 2.5m ─→

3.8m

予想問題　合格←

自動車は、告示で定める方法により測定した場合において、長さ（セミトレーラにあっては、連結装置中心から当該セミトレーラの後端までの水平距離）12メートル、幅2.5メートル、高さ3.9メートルを超えてはならない。

正解　誤　り

　自動車の高さの制限は、3.8メートルであり、その部分が誤っている。なお、本問冒頭の「自動車は、告示で定める方法により測定した場合において」という部分は、条文どおりで正しい。

予想問題　合格←

貨物の運送の用に供する普通自動車であって、車両総重量が8トン以上又は最大積載量が5トン以上のものの原動機には、自動車が時速100キロメートルを超えて走行しないよう燃料の供給を調整し、かつ、自動車の速度の制御を円滑に行うことができるものとして、告示で定める基準に適合する速度抑制装置を備えなければならない。

正解　誤　り

　速度抑制装置は、自動車が時速90キロメートルを超えて走行しないようにするものである。

13 保安基準（接地部、窓ガラス）

問12

重要度
★★

自動車の接地部（タイヤ等に関する話）や、窓ガラスに関する保安基準の規定については、過去問を見る限り、下記の 2 点を押さえておけば、正解できる問題ばかりが出ている。

空気入りゴムタイヤの溝の深さ

イロイロあるけど
(1.6ミリメートル以上)

タイヤード…溝は深い
(タイヤの溝の深さ)

速攻攻略!!

①自動車の**空気入りゴムタイヤ**の接地部は、**滑り止めを施し、その溝**は、接地部の全幅にわたり滑り止めのために施されている凹部（サイピング、プラットフォーム及びウエア・インジケータの部分を除く）の**いずれの部分**においても、**1.6ミリメートル以上の深さ**が必要である。

②自動車の**前面及び側面ガラス**（告示で定める部分を除く）に、**フィルムが貼り付けられた**場合、その状態でも**透明**、かつ、運転者が交通状況を確認するために必要な視野の範囲に係る部分における**可視光線の透過率が70%以上**であることが確保できるものでなければならない。

「速攻攻略!!」からポイントをさらに抜き出すのならば、**タイヤの溝は1.6ミリメートル以上**、窓ガラスにフィルムを貼り付ける場合、**可視光線の透過率が70%以上**、という 2 点を押さえれば正解できるはずだ。

保安基準（接地部、窓ガラス）

自動車（二輪自動車等を除く。）の空気入ゴムタイヤの接地部は滑り止めを施したものであり、滑り止めの溝は、空気入ゴムタイヤの接地部の全幅にわたり滑り止めのために施されている凹部（サイピング、プラットフォーム及びウエア・インジケータの部分を除く。）のいずれの部分においても1.4mm以上の深さを有するものでなければならない。

正解　誤り（1.6ミリメートル以上の深さが必要である）

自動車の前面ガラス及び側面ガラス（告示で定める部分を除く。）は、フィルムが貼り付けられた場合、当該フィルムが貼り付けられた状態においても、透明であり、かつ、運転者が交通状況を確認するために必要な視野の範囲に係る部分における可視光線の透過率が70％以上であることが確保できるものでなければならない。

正解　正しい

 ### ちょこっとコメント

　運行管理者試験の問題は、各種法令の規定が、ほぼそのままの形で出題されることが多い。よって、本書全体を通して言えることだが、「速攻攻略!!」の内容をあまり省略してしまうと、本試験問題を見た際に、それが何についての話なのかがわかりにくくなるため、ある程度、長い文章（条文どおり）にしている。

　ただし、特定のキーワードに注目しておけば、正解できる問題は多いので、それはできるだけ紹介していく。

第 2 章　車両法関係

14 保安基準（後部反射器）

問12

重要度
★★

（大型）後部反射器とは、後ろの自動車からの走行用前照灯（ヘッドライト）の光が当たった場合、その光の反射で、自車の存在等を認識させるものだ。最近はよく出題されている内容である。

14

保安基準（後部反射器）

必要とされる後部反射器の性能

ヤカンの後ろに
（夜間に後方）

インコを反射！
（150メートルの距離から
確認できる後部反射器）

速攻攻略!!

①**自動車の後面**には、**夜間にその後方150メートル**の距離から走行用前照灯で照射した場合に、その**反射光を照射位置から確認できる赤色の後部反射器**を備えなければならない。

②**貨物の運送の用**に供する普通自動車で、**車両総重量が７トン以上のもの**の**後面**には、反射光の色、明るさ、反射部の形状等に関し告示で定める基準に適合する**後部反射器及び大型後部反射器**を備えなければならない。

　ここでのポイントは、一般の自動車では、**後方150メートルから確認できる**もの…という部分と、**７トン以上の貨物運送自動車**には…という部分である。一般論として、保安基準に関する問題は、数値部分を変えてくるヒッカケ問題が多いので、ここに着目しておこう。

■（大型）後部反射器のイメージ■

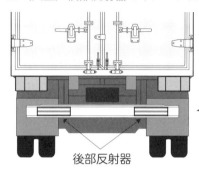

7トン以上の貨物運送普通自動車には、備えなければならない。

後部反射器

自動車の後面には、夜間にその後方200メートルの距離から走行用前照灯で照射した場合にその反射光を照射位置から確認できる赤色の後部反射器を備えなければならない。

正解　誤　り（後方150メートルから確認できるものである）

貨物の運送の用に供する普通自動車であって、車両総重量が5トン以上のものの後面には、所定の後部反射器を備えるほか、反射光の色、明るさ等に関し告示で定める基準に適合する大型後部反射器を備えなければならない。

正解　誤　り（車両総重量が7トン以上のものである）

貨物の運送の用に供する普通自動車であって、車両総重量が7トン以上のものの後面には、所定の後部反射器を備えるほか、反射光の色、明るさ等に関し告示で定める基準に適合する大型後部反射器を備えなければならない。

正解　正しい

第 2 章　車両法関係

15 保安基準（方向指示器など）

問12

重要度

★★

「非常信号用具」と「停止表示器材」は、ともに200メートルの距離から確認できるものでなければならない。前ページまでの「後部反射器」とセットで覚えて、混乱しないようにしておこう。

方向指示器の点滅周期

ウインクぱちぱち
（ウインカーの点滅周期は）

無重力120％！
（毎分60回〜120回）

速攻攻略!!

① **方向指示器（ウインカー）の点滅周期**は、**毎分60回以上120回以下**の一定周期で点滅するものでなければならない。

② **非常点滅表示灯（ハザードランプ）の点滅回数等**は、**告示で定められた基準**のものでなければならないが、**緊急事態の発生を表示**するために作動する場合、**点滅回数の基準に適合しない構造とすることができる。**

③ 自動車には、非常時に灯光を発することにより他の交通に警告でき、かつ、安全な運行を妨げないものとして、**非常信号用具を備えなければならない。**これは**夜間に200メートルの距離から確認できる赤色の灯光を発するもの**（自発光式）でなければならない。

④ 自動車に備える**停止表示器材**は、形状や反射光の明るさ等、告示で定める基準に適合するものでなければならず、**夜間にその後方200メートルの距離から走行用前照灯で照射した場合に、その反射光を照射位置から確認できるもの**でなければならない。

「速攻攻略!!」の③の非常信号用具は、発煙筒をイメージすればよい。
また、④の「停止表示器材」は、下記の図を参照してほしい。

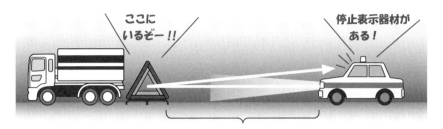

夜間 200 メートルの距離から、
確認できるものであること

自動車に備えなければならない方向指示器は、毎分60回以上120回以下
の一定の周期で点滅するものでなければならない。

正解　正しい

非常点滅表示灯は、盗難、車内における事故その他の緊急事態が発生し
ていることを表示するための灯火として作動する場合には、点滅回数の
基準に適合しない構造とすることができる。

正解　正しい

停止表示器材は、夜間200メートルの距離から走行用前照灯で照射した
場合にその反射光を照射位置から確認できるものであることなど告示で
定める基準に適合するものでなければならない。

正解　正しい

第２章　車両法関係

16 保安基準（後写鏡、警音器など）

問12

重要度
★★

自動車から突出する後写鏡については、保安基準の中でもよく出題される。予想問題の解説で触れるが、なぜ「1.8メートル以下」のものに規制があるのか、理由から理解しよう。

突出している後写鏡への規定

下の子イヤイヤ！
（最下部が地上1.8メートル以下のもの）

ショー・劇を鑑賞
（衝撃を緩衝できる構造）

速攻攻略!!

①後写鏡（バックミラーやドアミラーなど）は、自動車の最外側より**突出している部分の最下部が地上1.8メートル以下**のものは、当該部分が歩行者等に接触した場合に**衝撃を緩衝できる構造**でなければならない。

②自動車（被けん引自動車を除く）には、警報音発生装置の音が連続するものであり、かつ、音の大きさ及び音色が一定なものである**警音器**を備えなければならない。

③火薬類（省令に掲げる数量以下のものを除く）を**運送する自動車**、指定数量以上の高圧ガス（可燃性ガス及び酸素に限る）を運送する自動車、危険物の規制に関する政令に掲げる指定数量以上の危険物を運送する自動車には、**消火器**を備えなければならない（被けん引自動車の場合を除く）。

　上の３つの中では、①の後写鏡について、**後写鏡の下が地上1.8メートル以下**のものは、歩行者等にぶつかる可能性があるので、衝撃を緩衝できる構造でなければならない点がよく出題される。

予想問題

自動車に備える後写鏡は、取付部付近の自動車の最外側より突出している部分の最下部が地上2.0メートル以下のものは、当該部分が歩行者等に接触した場合に衝撃を緩衝できる構造でなければならない。

正解　誤り

　後写鏡は、取付部付近の自動車の最外側より突出している部分の最下部が**地上1.8メートル以下**のものは、衝撃を緩衝できる構造でなければならない。**なぜ「1.8メートル以下」のものに規制**があるのか、これは少なくとも日本において、身長が2メートル以上の人は多くはないので、「2.0メートル以下」としなくても、接触する危険性が大きくはないからだ。

予想問題

自動車（被けん引自動車を含む。）には、警音器の警報音発生装置の音が、連続するものであり、かつ、音の大きさ及び音色が一定なものである警音器を備えなければならない。

正解　誤り（被けん引自動車は含まない）

予想問題

火薬類（省令に掲げる数量以下のものを除く。）を運送する自動車、指定数量以上の高圧ガス（可燃性ガス及び酸素に限る。）を運送する自動車及び危険物の規制に関する政令に掲げる指定数量以上の危険物を運送する自動車には、消火器を備えなければならない。（被けん引自動車の場合を除く。）

正解　正しい

　消火器は、比較的近年から出題されはじめた知識だ。しばらくは「正しい」選択肢として出題される可能性が高いと予想するので、細かい部分までは気を遣わず、火薬類や危険物などを運搬する自動車には、消火器が必要…とラフに覚えておいても、試験には対応できると思われる。

第2章　車両法関係

17 保安基準（軸重、巻込防止装置）

問12

重要度

★

保安基準に関する問題のうち、軸重と巻込防止装置に関するものは、出題頻度が下がるうえに、正解肢に使われない傾向があるので、余力があれば押さえておく程度でよいだろう。

軸重の限度

じっくり10頭
（軸重は10トンまで）

引っ張るいい子
（けん引自動車は11.5トンまで）

速攻攻略!!

①自動車の**軸重（1本の車軸にかかる重さ）**は、**10トン**（けん引自動車のうち告示で定めるものにあっては、**11.5トン**）を超えてはならない。

②貨物の運送の用に供する普通自動車及び車両総重量が**8トン以上**の普通自動車（乗車定員11人以上の自動車及びその形状が乗車定員11人以上の自動車の形状に類する自動車を除く）の**両側面**には、堅ろうであり、かつ、**歩行者等が当該自動車の後車輪へ巻き込まれることを有効に防止できるもの**として、告示で定める基準に適合する**巻込防止装置**を備える。

③告示で定められる、歩行者等が後車輪へ**巻き込まれるおそれの少ない構造を有する自動車**は、**巻込防止装置を備える必要はない**。

　やはりここでも注意すべき点は、数値部分である。なお、上記②の巻込防止装置については、車両総重量が8トン以上の自動車だけではなく、貨物の運送の用に供する普通自動車は、それだけで備える必要がある。

自動車の軸重は、8トン（けん引自動車のうち告示で定めるものにあっては、10トン）を超えてはならない。

正解　誤り

　自動車の軸重は、**10トン**（けん引自動車のうち告示で定めるものにあっては、**11.5トン**）を超えてはならない。

貨物の運送の用に供する普通自動車及び車両総重量が8トン以上の普通自動車（乗車定員11人以上の自動車及びその形状が乗車定員11人以上の自動車の形状に類する自動車を除く。）の両側面には、堅ろうであり、かつ、歩行者、自転車の乗車人員等が当該自動車の後車輪へ巻き込まれることを有効に防止することができるものとして、強度、形状等に関して告示で定める基準に適合する巻込防止装置を備えなければならない。ただし、告示で定める構造の自動車にあっては、この限りでない。

正解　正しい

 ONE POINT!! ちょこっとコメント

　「巻込防止装置」に似たものとして、「**突入防止装置**」というものもある。これは、他の自動車が追突した場合に、追突した自動車の車体前部が追突された自動車に突入することを防止するための装置だ。
　自動車（法令に規定する自動車を除く）の後面には、原則として、強度、形状等に関し告示で定める基準に適合する突入防止装置を備えなければならない。ただし、告示で定める構造の自動車は、この限りでない。
　まれにこの「突入防止装置」が出題されることもあるので、そのようなものもある、ということは知っておくとよい。

18 保安基準（道路維持作業用自動車等）

問12

重度度
★

出題頻度は低いが「道路維持作業用自動車」について問われる内容は、決まっている。また、「緊急自動車」は最近出題されはじめた知識であり、今後の出題頻度が増える可能性がある。

道路維持作業用自動車のみが可能なこと

キー！色々点滅
（黄色の点滅式の灯火は）

意地でのみ作業
（道路維持作業用自動車のみ）

速攻攻略!!

①道路維持作業用自動車（右図）は、路面清掃車等の道路の維持、修繕、道路標示を設置するための必要な装置を有する自動車である。

②この**道路維持作業用自動車のみ**が、**黄色で、点滅式の灯火**を備えることができる。

→**その他の車両**について、**「黄色かつ点滅式の灯火」を備える**ことができるとする問題は、その時点で**誤り**。

③**「緊急自動車」**とは、消防自動車、警察自動車、保存血液を販売する医薬品販売業者が保存血液の緊急輸送のため使用する自動車、救急自動車、公共用応急作業自動車等の自動車及び国土交通大臣が定めるその他の**緊急の用に供する自動車**をいう。

「速攻攻略!!」の③の緊急自動車については、まれにその定義が出題されるくらいである。その名前のとおり、そういうものだと一読しておけば、試験でも対応できるだろう。

車両総重量が20トン以上のセミトレーラをけん引するけん引自動車には、灯光の色が黄色であって点滅式の灯火を車体の上部の見やすい箇所に備えることができる。

正解　誤り

黄色で、点滅式の灯火を備えることができるのは、**道路維持作業用自動車のみである。**

「緊急自動車」とは、消防自動車、警察自動車、保存血液を販売する医薬品販売業者が保存血液の緊急輸送のため使用する自動車、救急自動車、公共用応急作業自動車等の自動車及び国土交通大臣が定めるその他の緊急の用に供する自動車をいう。

正解　正しい

 ONE POINT!! **ちょこっとコメント**

　本書で紹介した知識を押さえていれば、問12で出題される「**保安基準及びその細目を定める告示**」に関する問題は、正解できるであろう。
　保安基準に関する問題に限る話ではないが、それまで出題されていない選択肢が出てくることもある。しかし、**最終的には「正解肢」を見つける**ことができればよく、結局は、**過去に出題されたことのある選択肢が正解肢となることがほとんど**だ。逆に、初出の知識が正解となる問題は、他の多くの受験生も解けない可能性が高い。見たことのない問題文が出てきても、焦らずに解答することを心がけよう。

第3章

道交法関係

攻略のカギ

道交法の分野では、**例年問13～問17までの5問分**が出題されます。この分野でも、**まずは重要度「★★～★★★」**のものを丁寧、かつ、**確実**に押さえましょう。

近年では、**追越し方法等を含めた「交通又は通行方法」**に関する知識、**「駐車禁止場所」**、**「積載等の制限」**、**「運転者の遵守事項」**、**「交通事故時の措置」**がよく出題されます。**これらの項目はすべて押さえる**ようにしておきましょう。

よく出題されているこれらの学習を優先し、残った時間を残りの項目にあてて学習しておけば、この分野を取りこぼすことはないはずです。なお、「運転者の遵守事項」は、覚えることが多い反面、常識的な判断で正解できる問題が多い項目です。どのような問題が出るかを確認しておくだけでも、対応できる可能性が高いです。

|01| 道交法の目的と主な用語

問13

重要度

★

道交法の目的は、たまに選択肢の1つとして出題される程度で、頻出度は低い。道交法2条で規定される各用語の定義のポイントと一緒に確認しておこう。

「路側帯」の定義のポイント

ローソク持つのに
（路側帯は）

自転車はない
（自転車の通行を保つものではない）

速攻攻略!!

①**道交法の目的**は、**道路における危険の防止**、**交通の安全と円滑を図ること**、**道路の交通に起因する障害の防止**に資することである。

②道交法における「**歩道**」とは、**歩行者の通行の用**に供するため**縁石線**、さく、その他これに類する**工作物で区画**された道路の部分を指す。

→単なる**白線等で区切られる**ものではない！

③道交法における「**路側帯**」とは、**歩行者の通行と車道の効用を保つ**ために設けられる、**道路標示によって区画**された部分である。

→「**自転車**」の通行を保つことは、**含まれない**！

④道交法における**「本線車道」**とは、**高速自動車国道（いわゆる高速道路）**又は自動車専用道路の車道のことをいう。

⑤道交法における**「車両」**とは、**自動車、原動機付自転車、軽車両（自転車やリヤカーなど）**及び**トロリーバス**をいう。→いわゆる"原付"を含む！

⑥道交法における**「道路標識」**は、道路交通に関する**規制や指示**を表示する**標示板**をいい、**「道路標示」**とは、道路交通に関する**規制や指示**を表示する路面に描かれた道路鋲、ペイント、石等による線、記号又は文字をいう。

→**「板」**のものが**道路標識**、**「路面に描かれた」**ものが**道路標示**だ！

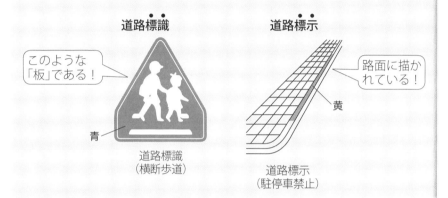

道路標識

このような「板」である！

青

道路標識
（横断歩道）

道路標示

路面に描かれている！

黄

道路標示
（駐停車禁止）

⑦道交法における**「駐車」**とは、**5分以内の貨物の積卸し**と、人の乗降のための停止を除いて、車両等が客待ち、荷待ち、貨物の積卸し、故障その他の理由により継続的に**停止**すること、又は**停止（特定自動運行中の停止を除く）**した運転者が車両等を離れて、**直ちに運転することができない状態**にあるものをいう。

→**5分以内の貨物の積卸し**は、**駐車に含まれない！**

→なお、**「停車」**とは、車両等が**停止**する駐車以外のものをいう。

⑧道交法における**「進行妨害」**とは、危険防止のため、**他の車両等が速度又は方向を急に変更**しなければならないような、**車両の進行や開始**を指す。

→**「進路変更」**（2条の定義規定なし）との**ヒッカケ問題に注意！**

⑨道交法における**「歩行者」**には、移動用小型車、**身体障害者用の車**、遠隔操作型小型車、**乳母車（ベビーカーなど）**又は**歩行補助車**等を通行させている者を含む。

以前は、道交法2条で規定される**各用語の定義**は、毎回のように出題される頻出項目であったが、近年、その出題頻度は減っている。

　ただし、出題可能性がなくなったわけではないので、用語の定義に関して特に注意すべき点をピックアップしたのが「速攻攻略!!」である。これらを押さえておけば、出題された際には対応できよう。

　また、少し多めに「予想問題」を紹介しておくので、どのように問われるのかを確認しておこう。

道路交通法は、道路における危険を防止し、その他交通の安全と円滑を図り、及び道路の交通に起因する障害の防止に資することを目的とする。

正解　正しい

路側帯とは、歩行者及び自転車の通行の用に供するため、歩道の設けられていない道路又は道路の歩道の設けられていない側の路端寄りに設けられた帯状の道路の部分で、道路標示によって区画されたものをいう。

正解　誤　り（自転車の通行の用に供するものは含まない）

車両とは、自動車、原動機付自転車及びトロリーバスをいう。

正解　誤　り（軽車両が抜けている）

道路交通法の規定の適用については、移動用小型車、身体障害者用の車、遠隔操作型小型車、乳母車又は歩行補助車等を通行させている者は、歩行者とする。

正解　正しい

駐車とは、車両等が客待ち、荷待ち、貨物の積卸し、故障その他の理由により継続的に停止すること（荷待ちのための停止で5分を超えない時間内のもの及び人の乗降のための停止を除く）、又は車両等が停止（特定自動運行中の停止を除く）をし、かつ、当該車両等の運転をする者がその車両等を離れて直ちに運転することができない状態にあることをいう。

正解　誤　り

駐車から除外されるのは、5分以内の「荷待ち」のための停止ではなく、5分以内の貨物の積卸しである。

駐車とは、車両等が客待ち、荷待ち、貨物の積卸し、故障その他の理由により継続的に停止すること（貨物の積卸しのための停止で10分を超えない時間内のもの及び人の乗降のための停止を除く）、又は車両等が停止（特定自動運行中の停止を除く）をし、かつ、当該車両等の運転をする者がその車両等を離れて直ちに運転できない状態にあることをいう。

正解　誤　り（駐車から除外されるのは、5分以内の貨物の積卸しである）

道路標識とは、道路の交通に関し、規制又は指示を表示する標示で、路面に描かれた道路鋲、ペイント、石等による線、記号又は文字をいう。

正解　誤　り（道路標「示」の定義になっている）

本線車道とは、車両が道路の定められた部分を通行すべきことが道路標示により示されている場合における当該道路標示により示されている道路の部分をいう。

正解　誤　り（本問の定義は「車両通行帯」のものである）

信号の意味等

問13

重要度
★

信号の意味等は、5回に1回くらいの割合で1つの問題として出題される。出題頻度は低いが、イメージしやすく、難しい内容ではないので、ここで確認しておこう。

「赤色の灯火」の意味

赤うさぎは進む
（赤色の灯火、既に右左折する
車両等はそのまま進行できる）

妨害はやめて
（進行妨害をしてはならない）

 速攻攻略!!

車両等は、

① 「青色の灯火」のとき、直進、左折、右折ができる。

　→多通行帯道路等通行一般原動機付自転車（いわゆる二段階右折を行う一般原動機付自転車）は除く。

② 「青色の灯火の矢印」のとき、矢印の方向に進行できるが、交差点で右折する多通行帯道路等通行一般原動機付自転車、特定小型原動機付自転車及び軽車両は、直進するものとみなす。

③ 「黄色の灯火」のとき、停止位置を越えて、進行してはならない。

　→表示時に当該停止位置に近接し、安全に停止できない場合は除く。

④ 「黄色の灯火の点滅」のとき、他の交通に注意して進行できる。

⑤ 「赤色の灯火」のとき、停止位置を越えて、進行してはならない。

　→ただし、交差点で既に右折・左折をしている車両等は、そのまま進行できる。この場合、青色の灯火により進行できる車両等の進行妨害をしてはならない。

→交差点で既に右折している多通行帯道路等通行一般原動機付自転車、特定小型原動機付自転車及び軽車両は、その右折地点で停止しなければならない。

⑥「赤色の灯火の点滅」のとき、停止位置で**一時停止**する。

⑦交差点で**下記の標識**がある場合、**信号の灯火にかかわらず左折できる。**

枠及び矢印は青色

この表示があれば、黄色・赤色の灯火でも左折できる。

「速攻攻略!!」の②（青色の灯火の矢印）の補足をしておくと、交差点で**右折する多通行帯道路等通行一般原動機付自転車等は、二段階右折のため、一度は直進**することになるので、**直進するものとみなされる**のだ。

予想問題

車両等は、信号機の表示する信号の種類が赤色の灯火のときは、停止位置をこえて進行してはならない。ただし、交差点において既に左折している車両等は、そのまま進行することができる。

正解　正しい

予想問題

交差点において既に右折している車両等（多通行帯道路等通行一般原動機付自転車、特定小型原動機付自転車及び軽車両を除く。）は、信号機の表示する信号の種類が赤色の灯火に変わっても、そのまま進行することができる。この場合において、当該車両等は、青色の灯火により進行することができることとされている車両等に優先して進行することができる。

正解　誤り

本問の場合、青色の灯火により進行することができる車両等の**進行妨害**をしてはならないので、**優先して進行することはできない。**

02

信号の意味等

車両は、信号機の表示する信号の種類が青色の灯火の矢印のときは、黄色の灯火又は赤色の灯火の信号にかかわらず、矢印の方向に進行することができる。この場合において、交差点において右折する多通行帯道路等通行一般原動機付自転車、特定小型原動機付自転車及び軽車両は、直進する多通行帯道路等通行一般原動機付自転車、特定小型原動機付自転車及び軽車両とみなす。

正解　正しい

車両等は、信号機の表示する信号の種類が黄色の灯火のときは、停止位置をこえて進行してはならない。ただし、黄色の灯火の信号が表示された時において当該停止位置に近接しているため安全に停止することができない場合を除く。

正解　正しい

交差点において信号機の背面板の下部等に下図の左折することができる旨の表示が設置された信号機の黄色の灯火又は赤色の灯火の信号の意味は、それぞれの信号により停止位置をこえて進行してはならないこととされている車両に対し、その車両が左折することができることを含むものとする。

 （矢印及びわくの色彩は青色、地の色彩は白色）

正解　正しい

第 3 章　道交法関係

│03│ 合図と警報機

問13

重要度
★★

方向指示器（ウインカー）等による合図と警報機（クラクション）の使用については 5 回に 1 回くらいの出題頻度だが、出題時は丸々 1 問分の出題があるので、捨てるわけにはいかない。

合図を行うタイミング（進路変更）

新郎変える
（進路変更の合図は）

3 秒前
（進路変更の 3 秒前）

速攻攻略!!

①環状交差点での場合を除いて、**運転者は、**左折、右折、転回、徐行、停止、後退、進路変更をする際は、**手、方向指示器（ウインカー）又は灯火**により**合図をし、**これらの行為が終わるまで**合図を継続**する。

②**合図を行うタイミング**は、

・**右左折、転回**→行為地点（交差点は、当該交差点の手前の側端）から30
メートル手前の地点に達したとき。

・**進路変更**→行為の 3 秒前。

・**徐行、停止、後退**→その行為をしようとするとき。

③車両等の運転者（自転車以外の軽車両を除く）は、左右の見とおしのきかない交差点・曲がり角・上り坂の頂上において、**道路標識等で指定された**場所を通行しようとするとき、**警音器を鳴らさなければならない。**

→「**見とおしのきかない**」交差点等**だけ**では、警音器の使用が義務付けられない。

車両（自転車以外の軽車両を除く。以下同じ。）の運転者は、左折し、右折し、転回し、徐行し、停止し、後退し、又は同一方向に進行しながら進路を変えるときは、手、方向指示器又は灯火により合図をし、かつ、これらの行為が終わるまで当該合図を継続しなければならない。（環状交差点における場合を除く。）

正解　正しい

車両の運転者が左折又は右折するときの合図を行う時期は、その行為をしようとする地点（交差点においてその行為をする場合にあっては、当該交差点の手前の側端）から30メートル手前の地点に達したときである。（環状交差点における場合を除く。）

正解　正しい

車両の運転者が同一方向に進行しながら進路を左方又は右方に変えるときの合図を行う時期は、その行為をしようとする地点から30メートル手前の地点に達したときである。

正解　誤　り（進路変更の合図は、行為の3秒前である）

車両等（自転車以外の軽車両を除く。）の運転者は、左右の見とおしのきかない交差点、見とおしのきかない道路の曲がり角又は見とおしのきかない上り坂の頂上を通行しようとするときは、必ず警音器を鳴らさなければならない。

正解　誤　り（道路標識等の指示がない場所では不要）

04 交通方法（通則）

問14〜問16

重度度
★★

交通方法といっても様々な場面で、様々な規定がある。まずは道交法16条〜21条で規定される通則部分の知識から確認する。ここでの知識は、選択肢単位で3回に1回の頻度の出題だ。

04

交通方法（通則）

車両等の歩道等の横断等

ほどほどに
（歩道等に）

入る前で止まろう
（入る直前で一時停止）

 速攻攻略!!

①車両は、**やむを得ない場合、歩道等を横断・通行**できる。

ただし、**歩道等に入る直前で一時停止**し、かつ、**歩行者の通行を妨げない**ようにする。　　　　　　→単に「徐行」すればよいわけではない！

②車両は、**歩行者の側方を通過**するとき、**安全な間隔を保ち、又は徐行**しなければならない。

③車両は、**車両通行帯の設けられた道路**においては、**道路の1番左側の車両通行帯を通行**する。ただし、自動車は、**当該道路の左側部分に3以上の車両通行帯**が設けられているときは、**速度に応じて、その最も右側以外の車両通行帯を通行**できる。

④車両は、**車両通行帯の設けられた道路**において、**道路標識等により法令の規定と異なる通行区分**が指定されているときは、**当該通行区分に従い、当該車両通行帯を通行**しなければならない。

⑤**路線バス等の優先通行帯がある道路**において、自動車（路線バス等を除く）は、**後方から路線バス等が接近**してきたとき、その**正常な運行に支障を及ぼさないように、速やかに当該車両通行帯の外に出る**。

一口に交通方法と言っても、様々な場面に対して様々な規定があるが、よく問われる知識をピックアップしたのが前ページの「速攻攻略!!」だ。このくらいは確実に押さえて、試験に臨もう。

車両は、道路外の施設又は場所に出入するためやむを得ない場合において歩道等を横断するとき、又は法令の規定により歩道等で停車し、若しくは駐車するため必要な限度において歩道等を通行するときは、徐行しなければならない。

正解　誤り

本問は頻出のヒッカケ問題だ。車両がやむを得ず歩道等を横断・通行する際は、**徐行ではなく、歩道等に入る前に一時停止し**、かつ、**歩行者の通行を妨げない**ようにする。

車両は、歩道と車道の区別のない道路を通行する場合その他の場合において、歩行者の側方を通過するときは、これとの間に安全な間隔を保ち、又は徐行しなければならない。

正解　正しい

一般乗合旅客自動車運送事業者による路線定期運行の用に供する自動車（以下「路線バス等」という。）の優先通行帯であることが道路標識等により表示されている車両通行帯が設けられている道路においては、自動車（路線バス等を除く。）は、後方から路線バス等が接近してきた場合であっても、その路線バス等の正常な運行に支障を及ぼさない限り、当該車両通行帯を通行することができる。

正解　誤り

本問のケースで後方から路線バス等が接近してきたときは、その正常な運行に支障を及ぼさないように、**速やかに当該車両通行帯の外に出る。**

第 3 章　道交法関係

|05| 速度

問14〜問16、問29

─ 重要度 ─
★★

車両の最高・最低速度は、たまに具体的事例の当てはめ問題が出る。また、「実務上の知識及び能力」の問題を解く前提として必要となり、穴埋め問題が出題される知識もある。

05

速度

一般道路のけん引の最高速度

２千人ひきいるサンバ隊
(2,000キログラム以下の車両のけん引を
３倍以上の自動車で行う場合)

最高！速度40キロ！
(最高速度は時速40キロメートル)

速攻攻略!!

①**一般道路**での車両の**最高速度**は、

原則　時速60キロメートル。

例外　**他の車両をけん引**する場合は、時速30キロメートルだが、車両総重量が2,000キログラム以下の車両を、その車両の**３倍以上の車両総重量の自動車でけん引**する場合、時速40キロメートル。

②**高速自動車国道の本線車道又はこれに接する加速車線若しくは減速車線での車両の最高速度**は、

原則　時速80キロメートル※。

例外　普通自動車や、車両総重量8,000キログラム未満又は最大積載重量5,000キログラム未満の中型自動車等は、時速100キロメートル。

※令和６年４月１日より、車両総重量8,000キログラム以上又は最大積載重量5,000キログラム以上の中型・大型自動車の高速自動車国道等での最高速度は、原則として、時速90キロメートルとなる。この点が試験範囲に含まれる**令和６年度第２回試験からは注意**。

③**最高速度違反**行為が、**その車両の使用者**（当該車両の運転者であるものを

除く）**の業務**に関してなされた場合で、当該**使用者**が違反行為を防止する
ための**必要な運行の管理を行っていると認められない**とき、**公安委員会**は、
**当該使用者に対し、最高速度違反行為が行われないよう運転者への指導又
は助言をすること**、**その他必要な措置をとることを指示**できる。

④**高速自動車国道の本線車道**における**「最低速度」**は、やむを得ない場合を
除き、指定されている区間ではその速度に、その他の区間では、**時速50キ
ロメートル以上。**

道路交通法に定める最高速度違反行為についての次の文中、A、B、C、
Dに入るべき字句として【いずれか正しいものを1つ】選びなさい。

　車両の運転者が最高速度違反行為を当該車両の使用者（当該車両の運
転者であるものを除く。以下同じ。）の　A　した場合において、当該
最高速度違反行為に係る車両の使用者が当該車両につき最高速度違反行
為を防止するため必要な　B　を行っていると認められないときは、当
該車両の使用の本拠の位置を管轄する公安委員会は、当該車両の使用者
に対し、最高速度違反行為となる運転が行われることのないよう運転者
に　C　することその他最高速度違反行為を防止するため必要な措置を
とることを　D　することができる。

A　1．業務に関して　　　2．責務に関して
B　1．情報の管理　　　　2．運行の管理
C　1．指導し又は助言　　2．命令
D　1．勧告　　　　　　　2．指示

正解　A：1　B：2　C：1　D：2

貨物自動車運送事業の用に供する車両総重量5,995キログラムの自動車
の最高速度は、道路標識等により最高速度が指定されていない片側一車
線の一般道路においては、時速60キロメートルである。

正解　正しい（一般道路での法定最高速度の原則である）

貨物自動車運送事業の用に供する車両総重量が4,900キログラムの自動車が、故障した車両総重量1,450キログラムの普通自動車をロープでけん引する場合の最高速度は、道路標識等により最高速度が指定されていない一般道路においては、時速40キロメートルである。

正解　正しい

05

速度

本問は、**一般道路**における**けん引自動車**の事例だ。原則は時速30キロメートルだが、車両総重量1,450キログラムという2,000キログラム以下の車両を、4,900キログラムという**3倍以上の車両総重量の自動車でけん引**する場合なので、最高速度は時速40キロメートルである。

貨物自動車運送事業の用に供する車両総重量7,300キログラムの自動車は、法令の規定によりその速度を減ずる場合及び危険を防止するためやむを得ない場合を除き、道路標識等により自動車の最低速度が指定されていない区間の高速自動車国道の本線車道（政令で定めるものを除く。）における最低速度は、時速50キロメートルである。

正解　正しい

貨物自動車運送事業の用に供する車両総重量9,000キログラムの自動車の最高速度は、道路標識等により最高速度が指定されていない高速自動車国道の本線車道（政令で定めるものを除く。）においては、時速100キロメートルである。

正解　誤り

本問自動車の最高速度は、時速80キロメートルである。なお、令和6年4月1日より、車両総重量8,000キログラム以上等の中型・大型自動車の高速自動車国道等での最高速度は、原則として、時速90キロメートルとなるので注意。

06 追越し等

問14〜問16

重要度
★★★

追越しは危険を伴う行為である以上、出題頻度も高い。2回に1回は1つの問題として出題される傾向にあるので、本書で紹介する知識は、しっかりと押さえておこう。

追越し禁止場所（上り坂と下り坂）

上り調子の頂上決戦
(上り坂の頂上付近)

急に下して
(勾配が急な下り坂)

追い越せん！
(追越し禁止場所)

速攻攻略!!

①**追越し**は、追い越す車両（以下「前車」とする）の**右側を通行**する。

　ただし、**前車が右折のため道路中央や右側に寄っている**ときは、その**左側を通行**する。　　　→前車が右寄りの場合、**追い越せないわけではない。**

②**追越しが禁止**されるのは、以下の場所である。

　ア　道路標識等で追越しが禁止されている道路

　イ　道路の**曲がり角**付近

　ウ　**上り坂の頂上**付近

　エ　勾配の急な**下り坂**

　オ　**トンネル**内、ただし、**車両通行帯**がある場合は、追越し可能。

　カ　**交差点**※、**踏切**、**横断歩道**、**自転車横断帯**及びこれらの**手前の側端から前に30メートル以内の部分**

※当該車両が優先道路を通行している場合の当該優先道路にある交差点は除く。

③道交法における「車両」には、原動機付自転車が**含まれる**ため、**追越し禁止場所での原動機付自転車の追越しは、できない。**

ただし、特定小型原動機付自転車等は除かれる。

④前車が**他の自動車を追い越そう**とするとき、**追越しを始めてはならない。**

⑤車両等が**法令や警察官の命令、危険防止のため停止、停止しようと徐行し**ている場合（それに続く車両も含む）、**その車両等の側方を通過して、当該車両等の前方に割り込んだり、その前方を横切ってはならない。**

以上の「速攻攻略!!」を押さえていれば、追越しに関する問題は対応できる。どれも難しい内容ではないので、イメージはできるであろう。

06

追越し等

車両は、他の車両を追い越そうとするときは、その追い越されようとする車両（以下「前車」という。）の右側を通行しなければならない。ただし、前車が法令の規定により右折をするため道路の中央又は右側端に寄って通行しているときは、前車を追い越してはならない。

正解　誤　り

本問の場合、追い越してはならないわけではなく、その**左側**を**通行**する形で追越しができる。

車両は、トンネル内の車両通行帯が設けられている道路の部分（道路標識等により追越しが禁止されているものを除く。）においては、他の車両を追い越すことができる。

正解　正しい

車両は、道路標識等により追越しが禁止されている道路の部分においても、原動機付自転車であれば追い越すことができる。

正解　誤　り

161

車両は、道路の曲がり角付近、上り坂の頂上付近又は勾配の急な下り坂の道路の部分においては、前方が見とおせる場合を除き、他の車両（特定小型原動機付自転車等を除く。）を追い越してはならない。

正解　誤　り（「前方が見とおせる場合を除き」という例外はない）

車両は、法令に規定する優先道路を通行している場合における当該優先道路にある交差点を除き、交差点の手前の側端から前に30メートル以内の部分においては、他の車両（特定小型原動機付自転車等を除く。）を追い越すため、進路を変更し、又は前車の側方を通過してはならない。

正解　正しい

車両は、道路の曲がり角付近、勾配の急な上り坂又は勾配の急な下り坂の道路の部分においては、他の車両（特定小型原動機付自転車等を除く。）を追い越すため、進路を変更し、又は前車の側方を通過してはならない。

正解　誤　り

「勾配の急な上り坂」の道路の部分ではなく、「上り坂の**頂上付近**」の追越しが禁止される。なお、他の記述は正しい。

車両は、法令の規定若しくは警察官の命令により、又は危険を防止するため、停止し、若しくは停止しようとして徐行している車両等に追いついたときは、その前方にある車両等の側方を通過して当該車両等の前方に割り込み、又はその前方を横切ってはならない。

正解　正しい

|07| 交差点の通行方法

問14〜問16

重要度
★★

交差点の通行方法は、3 回に 1 回くらいの頻度にて、他の通行方法とセットで出題される。特に難しい内容ではないので、しっかり押さえておくべき内容である。

> **危ない進路変更の合図は、妨げることもできる**
>
> ## 右往左往の危ないあいつ
> （右左折する車両の
> 　進路変更の合図が危ない場合）
>
> ## むしろ妨害OK
> （進路変更を妨げることもできる）

速攻攻略!!

①車両が**左折**する場合、**あらかじめできる限り道路の左側端に寄り**、かつ、**できる限り道路の左側端に沿って**（道路標識等で通行部分が指定されているときは、その指定された部分を通行して）**徐行**する。

②車両等が**交差点で右折**する場合、**当該交差点で直進し、又は左折**しようとする車両等の**進行妨害をしてはならない**。

③車両等は、**交差点に入ろうとし、交差点内を通行**するときは、状況に応じ、交差道路を通行、反対方向から右折する車両等、道路を横断する歩行者に特に注意し、かつ、**できる限り安全な速度と方法で進行**する。

④**左折又は右折しようとする車両**が、**道路の端等に寄ろうとして合図をした**場合、**後方車両**は、その速度又は方向を急に変更しなければならないこととなる場合を除き、**合図をした車両の進路変更を妨げてはならない**。

→**危ない場合**は、**合図をした車両の進路変更を妨げる**行為も許される。

⑤車両等（優先道路を通行している車両等を除く）は、**交通整理の行われていない交差点に入ろうとする場合**で、**交差道路が優先道路であるとき**、又

は通行している道路よりも**交差道路の幅員が明らかに広いものであるとき
は、徐行する。**　　　　　　　　　　**→一時停止するわけではない。**

⑥車両は、**環状交差点において左折・右折**するときは、**あらかじめその前か
らできる限り道路の左側端に寄り**、かつ、**できる限り環状交差点の側端に
沿って**（道路標識等により通行すべき部分が指定されているときは、その
指定された部分を通行して）**徐行する。**

　できるだけ法令の条文に沿った書き方をすると、上記の「速攻攻略‼」
の内容となるが、要するに、交差点において、**左折**するときは、**できるだ
け左に寄って徐行せよ**（①）、**右折**するときは、**直進車と左折車の進路妨
害はするな**（②）、**交差点内では、できる限り安全な速度と方法で進行せ
よ**（③）、**前の車が右左折しようと合図を出した場合、危ない場合は、そ
の進路変更を妨げる行為も許される**（④）…といった内容である。

　なお、「速攻攻略‼」の⑥における「**環状交差点**」とは、欧米などで普
及し、日本で
も少しずつ普
及され始めて
いる交差点で
ある。

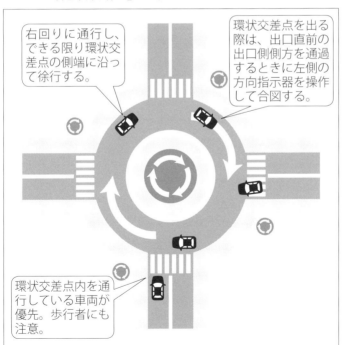

右回りに通行し、
できる限り環状交
差点の側端に沿っ
て徐行する。

環状交差点を出る
際は、出口直前の
出口側側方を通過
するときに左側の
方向指示器を操作
して合図する。

環状交差点内を通
行している車両が
優先。歩行者にも
注意。

　自動車は右
回りの一方通
行で進行し、
交差点を出て
いく。環状部
分を進んでい
る車が優先さ
れる。

164

車両が左折するときは、あらかじめその前からできる限り道路の左側端に寄り、できる限り道路の左側端に沿って（道路標識等により通行すべき部分が指定されるときは、その指定部分を通行して）徐行しなければならない。

正解　正しい

車両等は、交差点に入ろうとし、及び交差点内を通行するときは、当該交差点の状況に応じ、交差道路を通行する車両等、反対方向から進行してきて右折する車両等及び当該交差点又はその直近で道路を横断する歩行者に特に注意し、かつ、できる限り安全な速度と方法で進行しなければならない。

正解　正しい

左折又は右折しようとする車両が、法令の規定により、それぞれ道路の左側端、中央又は右側端に寄ろうとして方向指示器等で合図をした場合、その後方車両は、いかなる場合も当該合図をした車両の進路を妨げてはならない。

正解　誤り（急な進路変更等が必要な場合は、許される）

車両等（優先道路を通行している車両等を除く。）は、交通整理の行われていない交差点に入ろうとする場合において、交差道路が優先道路であるとき、又はその通行している道路の幅員よりも交差道路の幅員が明らかに広いものであるときは、その前方に出る前に必ず一時停止しなければならない。

正解　誤り（徐行すべきであり、必ず一時停止ではない）

交差点の通行方法

07

|08 横断歩行者を 保護する通行

問14〜問16

重要度
★★★

選択肢単位での出題がメインだが、横断歩道等を通行する際の通行方法については、2回に1回は出題される頻出項目である。押さえるべき知識は少ないので、確実に押さえよう。

車両等の横断歩道等の通行方法

明らかに人がいない
（歩行者等がいないことが明らかな場合）

オーダーで泊まれる と勧める
（横断歩道等は停止できる速度で進行できる）

速攻攻略!!

①車両等は、**横断歩道又は自転車横断帯（横断歩道等）に接近し、通過**する際は、進路の前方を横断しようとする**歩行者又は自転車（歩行者等）がいないことが明らかな場合を除き、横断歩道等の直前**（道路標識等による停止線が設けられているときは、その停止線の直前）で**停止できる速度で進行**しなければならない。

②横断歩道等で、進路の前方を横断し、又は横断しようとする歩行者等があるときは、当該**横断歩道等の直前で一時停止**し、かつ、その通行を妨げないようにしなければならない。

③車両等は、**交差点又はその直近**で、**横断歩道のない場所**で歩行者が道路を横断しているときも、その**歩行者の通行を妨げてはならない。**

　過去問を見る限り、「速攻攻略!!」の①と②ばかりが出題されている。この2つは混乱しないようにしておこう。

　　車両等は、横断歩道に接近する場合には、当該横断歩道を通過する際に当該横断歩道によりその進路の前方を横断しようとする歩行者等がいないことが明らかな場合を除き、当該横断歩道等の直前で停止することができるような速度で進行しなければならない。

正解　正しい

　　車両等は、横断歩道等に接近する場合には、当該横断歩道等を通過する際に当該横断歩道等によりその進路の前方を横断しようとする歩行者等がいないことが明らかな場合を除き、当該横断歩道等の直前で一時停止しなければならない。

正解　誤　り

　車両等が横断歩道等に接近し、通過する場合、当該横断歩道等の**直前で停止できる速度**にて、進行してもよい。

　　車両等は、横断歩道等に接近する場合には、当該横断歩道等を通過する際に当該横断歩道等によりその進路の前方を横断しようとする歩行者等がいないことが明らかな場合を除き、当該横断歩道の直前で停止することができるような速度で進行しなければならない。この場合において、横断歩道等によりその進路の前方を横断し、又は横断しようとする歩行者等があるときは、当該横断歩道等を徐行して通過しなければならない。

正解　誤　り

　横断歩道等で、進路の前方を横断し、又は横断しようとする**歩行者等が**あるときは、一時停止する。

09 その他、通行方法等

問14〜問16

重要度
★

ここまで車両等の通行方法については、交差点や横断歩道付近について見てきたが、その他の通行方法にまつわる知識を確認しておこう。どれも選択肢単位の出題で、たまに出題される程度だ。

乗合自動車の発進の保護

急な変更、必要だから
（速度等の急な変更を要する場合）

バスの出発、邪魔できる
（乗合自動車の発進合図での進路
変更を妨げることも許される）

 速攻攻略!!

①停留所で停車していた**乗合自動車（バス）が発進**のため、進路を変更しようと**合図**をした場合、後方車両は、その**速度又は方向を急に変更しなければならない場合を除き、その乗合自動車の進路変更を妨げてはならない。**
　→危ない場合は、バスの進路変更を妨げる行為も許される。

②車両は、救急車等の**緊急自動車**が接近してきたときは、**道路の左側に寄って、進路を譲らなければならない。**

③交差点又はその付近で緊急自動車が接近してきたとき、車両（緊急自動車を除く）は**交差点を避け**、かつ、**道路の左側**（一方通行の道路で、左側に寄ることが緊急自動車の通行を妨げる場合は、道路の右側）に**寄って、一時停止しなければならない。**

④**左右の見とおしがきかない交差点**に入ろうとする場合や通行するとき（交通整理が行われている場合、優先道路を通行している場合を除く）、道路の曲がり角付近、上り坂の頂上付近、勾配の急な下り坂では、徐行する。

停留所において乗客の乗降のため停車していた乗合自動車が発進するため進路を変更しようとして手又は方向指示器により合図をした場合においては、その後方にある車両は、その速度を急に変更しなければならないこととなる場合にあっても、当該合図をした乗合自動車の進路の変更を妨げてはならない。

正解　誤　り

後方車両は、**速度又は方向を急に変更しなければならない**場合、当該乗合自動車の進路変更を妨げる行為が**許される**。

交差点又はその付近において、緊急自動車が接近してきたときは、車両（緊急自動車を除く。）は、交差点を避け、かつ、道路の左側（一方通行となっている道路においてその左側に寄ることが緊急自動車の通行を妨げることとなる場合にあっては、道路の右側）に寄って、徐行するなどして、当該緊急自動車に進路を譲らなければならない。

正解　誤　り

交差点又はその付近において、緊急自動車が接近してきたときは、**一時停止が必要**であり、**徐行では足りない**。

車両等は、道路の曲がり角付近、上り坂の頂上付近又は勾配の急な上り坂及び下り坂を通行するときは、徐行しなければならない。

正解　誤　り

勾配の急な坂で、**徐行が必要**となるのは「**下り坂**」のみである。本問の他の部分は正しい。なお、道路の**曲がり角付近、上り坂の頂上付近、勾配の急な下り坂**は、「**追越し**」禁止場所でもある（160ページ参照）。

09

その他、通行方法等

10 駐車禁止場所

問14

重度度

★★★

駐車禁止場所については、選択肢単位では２回に１回くらいの頻度で出題されるが、３回に１回くらいの頻度で丸々１つの問題で出題されることも多いため、重要度は高い。

駐車禁止場所

カチューシャしない
（駐車禁止場所）

消防士５名
（「消防」関連からは５メートル以内）

１名が喝采！
（火災報知機からは１メートル以内）

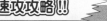
速攻攻略!!

駐車禁止場所は、以下のとおりである。

①道路標識等により駐車が禁止されている道路。

②人の乗降、貨物の積卸し、駐車、自動車の格納・修理のための道路外の施設、また、これらの道路に接する自動車用の出入口から３メートル以内。

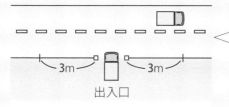

出入口

> 業務用の施設や、その自動車用の出入口から３メートル以内は、駐車できないとイメージしておこう！
> 業務に影響を及ぼすからだ。

③**道路工事**が行われている当該工事区域の側端から５メートル以内。

④**消防用機械器具の置場**、消防用防火水槽の側端、これらの道路に接する出

入口、消火栓、指定消防水利の標識が設けられている位置、消防用防火水槽の吸水口もしくは吸管投入孔から5メートル以内。

→「消防」関連は、5メートル！

→ただし、**火災報知機**からは**1メートル以内に注意！**

⑤**法令の規定により駐車**する場合で、**車両の右側の道路上に3.5メートル**（道路標識等により距離が指定されているときは、その距離）以上の余地がないこととなる場所。

→ただし、この場合でも、以下のケースでは駐車可能。

　ア　**公安委員会**が、交通がひんぱんでないと認めて、**指定した区域**

　イ　貨物の積卸しを行う場合で、**運転者がその車両を離れないとき**

　ウ　運転者がその車両を離れたが、**直ちに運転できる状態にあるとき**

　エ　**傷病者の救護**のためやむを得ないとき

「速攻攻略!!」の②と④は頻出だ。④については、「消防」関連は5メートル、ただし、「火災報知機」は1メートルと覚えてしまおう。

車両は、消防用機械器具の置場若しくは消防用防火水槽の側端又はこれらの道路に接する出入口から5メートル以内の道路の部分においては、駐車してはならない。

正解　正しい

繰り返すが、「消防」関連は5メートルだ。ただし、「火災報知機」は、1メートルである点に注意すること。

車両は、人の乗降、貨物の積卸し、駐車又は自動車の格納若しくは修理のため道路外に設けられた施設又は場所の道路に接する自動車用の出入口から5メートル以内の道路の部分においては、駐車してはならない。

正解　誤　り

駐車禁止場所は、一定の場所から5メートル以内の場所が多いが、いわゆる**業務用の施設等は3メートル以内**である。

予想問題

車両は、火災報知機から５メートル以内の道路の部分においては、駐車してはならない。

正解　誤　り（火災報知機からは１メートル以内）

予想問題

車両は、公安委員会が交通がひんぱんでないと認めて、指定した区域を除き、法令の規定により駐車する場合に当該車両の右側の道路上に５メートル（道路標識等により距離が指定されているときは、その距離）以上の余地がないこととなる場所においては、駐車してはならない。

正解　誤　り

　本問の場合、駐車禁止場所になるのは、当該**車両の右側の道路上に3.5メートル**（道路標識等により距離が指定されているときは、その距離）**以上の余地がなくなる**場合である。

ONE POINT!! ちょこっとコメント

　ここで説明している「**駐車禁止場所**」と、次ページからの「**停車及び駐車の禁止場所**」は、分けて学習と理解をしておいたほうが混乱しない。

　もちろん、「停車及び駐車の禁止場所」に該当する場所は、「駐車禁止場所」に該当することになるが、問題文において、上記のように「**駐車してはならない。**」という問い方をしている場合は「**駐車禁止場所**」を聞いていると考え、問題文が「**停車し、又は駐車してはならない。**」という問い方をしている場合は、「**停車及び駐車の禁止場所**」を聞いていると考えると理解の整理がしやすい。

第3章　道交法関係

11 停車及び駐車の禁止場所

問14〜問16

重要度
★

「停車及び駐車の禁止場所」については、選択肢単位で、前ページまでの「駐車禁止場所」とセットで出題されることが多い。出題ポイントは2つに絞れるので、その2つは押さえておくこと。

停車及び駐車の禁止場所

偵察できない！
（停車及び駐車禁止）

角から5名
（交差点・曲がり角から
5メートル以内）

見切れる10名
（踏切の前後の側端から
10メートル以内）

速攻攻略‼

法令の規定又は警察官の命令による場合、危険防止のため一時停止する場合を除いて、停車及び駐車の禁止場所は、以下のとおりである。
①交差点の側端、道路の曲がり角から5メートル以内の部分
②踏切の前後の側端から前後に10メートル以内の部分

　「速攻攻略‼」を見て、これだけ？…と思った人も多いと思うが、「停車及び駐車の禁止場所」について**出題**されるのは、上記①と②ばかりであり、この2つを押さえておけば、試験に対応できる可能性が高い。

　その他の場所についても、出題可能性がゼロではない以上、念のため、次ページで紹介しておくが（上記「速攻攻略‼」との通し番号にしてある）、時間がない場合は、上記2つを押さえておこう。

その他の「停車及び駐車の禁止場所」

③道路標識等により停車及び駐車が禁止されている道路の部分

④交差点、横断歩道、自転車横断帯、踏切、軌道敷内、坂の頂上付近、勾配の急な坂、トンネル

⑤横断歩道又は自転車横断帯の前後の側端からそれぞれ前後に5メートル以内の部分

⑥安全地帯の左側の部分と、当該部分の前後の側端からそれぞれ前後に10メートル以内の部分

⑦乗合自動車（バス）、トロリーバス、路面電車の**停留場を表示する標示柱又は標示板**が設けられている位置から**10メートル以内の部分**（運行時間中に限る。）

車両は、交差点の側端又は道路の曲がり角から10メートル以内の道路の部分では、法令の規定若しくは警察官の命令により、又は危険を防止するため一時停止する場合のほか、停車し、又は駐車してはならない。

正解　誤　り（交差点の側端等からは5メートル以内の部分である）

車両は、踏切の前後の側端からそれぞれ前後に10メートル以内の道路の部分では、法令の規定若しくは警察官の命令により、又は危険を防止するため一時停止する場合のほか、停車し、又は駐車してはならない。

正解　正しい

車両は、交差点の側端又は道路の曲がり角から5メートル以内の道路の部分では、法令の規定若しくは警察官の命令により、又は危険を防止するため一時停止する場合のほか、停車し、又は駐車してはならない。

正解　正しい

第3章　道交法関係

|12| 積載等の制限（その１）

問17、問27

重要度
★★

自動車への人の乗車や積載の制限については、制限規定自体の話と、違反行為がある場合、警察官等ができる命令等の話がある。まずは、制限規定自体の知識を確認する。

積載等の制限（その１）

積載物の高さの制限

鷹さん散髪
（積載物の高さ3.8メートルまで）
師匠が「よいよい」
（公安委員会が支障ないと認めれば、4.1メートルまで）

よいよい…

速攻攻略!!

①積載物の長さ、幅又は高さは、次の制限を超えてはならない。

・長さ：**自動車の長さに、その長さの10分の２の長さを加えたもの。**
　　　　また、その積載方法は車体の前後から、**自動車の長さに、その長さの10分の１の長さを超えてはならない。**

・幅　：**自動車の幅にその幅の10分の２の幅を加えたもの。**

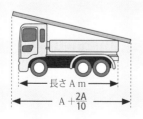

長さ A m
$A + \dfrac{2A}{10}$

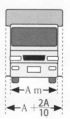

A m
$A + \dfrac{2A}{10}$

・高さ：**3.8メートル**（公安委員会が支障ないと認めて定めるものは**4.1メー
トルを超えない範囲内で、公安委員会が定める高さ**）**から、その
自動車の積載をする場所の高さを減じたもの。**

②運転者は、**政令で定める乗車人員、積載物の重量、大きさ、積載の方法の
制限を超えて、乗車又は積載をした車両を運転してはならない。**ただし、
出発地の警察署長の許可を受けて、貨物自動車の荷台に乗車させる場合は、
当該制限を超える乗車が可能。

③車両の運転者は、当該車両の**乗車設備場所や積載設備場所以外**の場所に、
乗車・積載して、車両を運転してはならない。

↓ただし

ア　出発地の警察署長の許可があれば、**その場所以外の指定場所への乗車
等は可能。**

イ　**貨物自動車の貨物の積載**は、当該貨物を看守するため、**必要な最小限
度の人員を、荷台に乗車させて運転**することができ、さらに、**出発地の
警察署長の許可があれば、その許可人数までの荷台への乗車が可能。**

　上記②と③の関係がわかりづらいかもしれない。**②は人数・重量・大き
さ等の制限を超えた運転はダメ、③は人や物を乗せる場所以外への乗車等
はダメ**という原則があり、それぞれ警察署長の許可があれば、**例外がある**
と覚えておこう。

　また、③の「場所」の話については、貨物自動車の貨物の見守りのため
であれば、警察署長の許可がなくとも、**必要最小限度の人を荷台へ乗車さ
せることができる**ということだ。

予想問題　合格

積載物の高さは、3.8メートル（公安委員会が道路又は交通の状況によ
り支障がないと認めて定めるものにあっては3.8メートル以上4.1メート
ルを超えない範囲内において公安委員会が定める高さ）からその自動車
の積載をする場所の高さを減じたものを超えてはならない。

正解　正しい

176

積載物の長さは、自動車の長さにその長さの10分の1の長さを加えたものを超えてはならず、その積載の方法は、自動車の車体の前後から自動車の長さの10分の1の長さを超えてはみ出してはならない。

正解　誤　り

車両の運転者は、当該車両の乗車のために設備された場所以外の場所に乗車させ、又は乗車若しくは積載のために設備された場所以外の場所に積載して車両を運転してはならない。ただし、貨物自動車で貨物を積載しているものにあっては、当該貨物を看守するため当該自動車が積載可能な重量までの人員をその荷台に乗車させて運転することができる。

正解　誤　り

貨物自動車で、貨物を看守する（見守る）ためならば、最小限度の人員を荷台に乗車させて運転できる。「積載可能な重量まで」ではない。

車両の運転者は、当該車両について政令で定める乗車人員又は積載物の重量、大きさ若しくは積載の方法の制限を超えて乗車させ、又は積載をして車両を運転してはならない。ただし、当該車両の出発地を管轄する警察署長による許可を受けて貨物自動車の荷台に乗車させる場合等にあっては、当該制限を超える乗車をさせて運転することができる。

正解　正しい

車両の運転者は、運転者の視野若しくはハンドルその他の装置の操作を妨げ、後写鏡の効用を失わせ、車両の安定を害し、又は外部から当該車両の方向指示器、車両の番号標、制動灯、尾灯若しくは後部反射器を確認することができない乗車又は積載をして車両を運転してはならない。

正解　正しい

12

積載等の制限（その1）

177

13 積載等の制限（その2）

問17

重要度
★★★

前ページまでは「積載等の制限自体」の話であったが、ここは主に、その違反行為等がある場合に、警察官等は何ができるのかという話になる。毎回のように出題される頻出項目だ。

過積載の運転者への応急措置命令

応急措置しろ！
（応急措置命令）

化石のうんてい
（過積載車両の運転者に）

速攻攻略!!

①自動車の**使用者は**、その者の業務に関し、**運転者に対して**道交法57条（**乗車又は積載の制限等**）第1項の規定に**違反をした運転を命じ**、又は自動車の運転者がこれらの行為をすることを容認してはならない。

②警察署長は、**荷主が運転者に対し、過積載をして自動車を運転することを要求する違反行為**を行った場合で、当該荷主が当該違反行為を**反復して行うおそれがある**と認めるときは、荷主に対し、**過積載による運転をしてはならない旨を命ずる**ことができる。

③警察官は、**過積載をしている車両の運転者に対し**、過積載とならないようにするため、**必要な応急の措置をとることを命ずる**ことができる。

→「**応急の措置」の対象者に、使用者は含まれない。**

④上記③の応急の措置命令がされた場合で、**当該車両の使用者（当該車両の運転者であるものを除く）が、過積載防止の必要な運行管理を行っていない場合、公安委員会は、使用者に対し、過積載を防止するため必要な措置をとることを指示する**ことができる。

自動車の使用者は、その者の業務に関し、自動車の運転者に対し、道路交通法第57条（乗車又は積載の制限等）第1項の規定に違反して政令で定める積載物の重量、大きさ又は積載の方法の制限を超えて積載をして運転することを命じ、又は自動車の運転者がこれらの行為をすることを容認してはならない。

正解　正しい

要するに、運送会社の事業主等（自動車の使用者）が、運転手に過積載による運転を命じたり、過積載のある運転をしていることを認めてはならないということだ。常識的な内容なので正しいと判断できよう。

警察署長は、荷主が自動車の運転者に対し、過積載をして自動車を運転することを要求するという違反行為を行った場合において、当該荷主が当該違反行為を反復して行うおそれがあると認めるときは、内閣府令で定めるところにより、当該自動車の運転者に対し、当該過積載による運転をしてはならない旨を命ずることができる。

正解　誤り

荷主が運転者に対して、**過積載による運転を要求する違反行為**を行った場合、警察署長がその**禁止する旨を命ずる相手は、荷主**である。

警察官は、過積載をしている車両の運転者及び使用者に対し、当該車両に係る積載が過積載とならないようにするため必要な応急の措置をとることを命ずることができる。

正解　誤り

警察官による「応急の措置」の対象者は、運転者である。「応急の措置」とあるように、これは違反行為を見つけた "現場" での "応急" の措置の場面をイメージすれば、その対象者が運転者であることが覚えられる。

過積載をしている車両の運転者に対し、警察官から過積載とならないようにするため必要な応急の措置命令がされた場合において、当該命令に係る車両の使用者（当該車両の運転者であるものを除く。）が当該車両に係る過積載を防止するため必要な運行の管理を行っていると認められないときは、当該車両の使用の本拠の位置を管轄する公安委員会は、当該車両の使用者に対し、車両を運転者に運転させる場合にあらかじめ車両の積載物の重量を確認することを運転者に指導し又は助言することその他車両に係る過積載を防止するため必要な措置をとることを指示することができる。

正解　正しい

 ちょこっとコメント

　出題されることはほとんどないが、ここまで紹介した話のほか、**警察官は、過積載をして運転をしている車両**を見つけたとき、当該**車両の停止**、運転者に対する**自動車検査証**その他政令で定める**書類の提示要求**、当該車両の**積載物の重量の測定**をすることもできる。
　過積載の防止について、**警察官等の色々な権限**が出てきたので、まとめておくと、以下のとおりだ。

行う主体	相手方	行える行為
警察官	運転者	①車両の停止、検査証等の書類の提示要求、重量測定 ②応急の措置命令
警察署長	荷主	過積載運転の（要求の）禁止命令
公安委員会※	使用者	過積載運転の防止措置の指示

※なお、自動車の使用者が、過積載行為を運転者に命令し、運転者の違反行為により、著しく道路における交通の危険を生じさせ、又は著しく交通の妨害となるおそれがあると認めるとき、公安委員会は、当該自動車の使用者に対し、6ヵ月を超えない範囲内で期間を定めて、当該違反に係る自動車の運転禁止を命ずることもできる。

第 3 章　道交法関係

| 14 | 過労運転等の禁止

問15、問16

重要度

★

過労運転等の禁止について、試験では 5 回に 1 回くらいの頻度で、下記の「速攻攻略‼」の②が穴埋め問題で出題される。頻出項目ではないが、確認しておかないと出題時に対応できない。

過労運転に対する公安委員会の指示

家老が考案
（過労運転について公安委員会は）

商社への指示
（使用者に指示できる）

速攻攻略‼

①何人も、**酒気帯びの状態、過労、病気、薬物の影響その他の理由**により、**正常な運転ができないおそれがある状態で車両等を運転してはならない。**

②車両の運転者が**過労により、正常な運転ができないおそれがある状態で車両を運転する行為を当該車両の使用者**（当該車両の運転者である者を除く）**の業務に関してした場合**において、使用者が過労運転を防止するため必要な運行の管理を行っていると認められないときは、当該車両の使用の本拠の位置を管轄する**公安委員会は、当該車両の使用者に対し、過労運転が行われることのないよう運転者に指導し又は助言すること**その他過労運転を防止するため必要な措置をとることを**指示することができる。**

　上記①については、当然の話なので、もし出題されても常識的な感覚で判断できよう。**上記②については、たまに穴埋め問題でそのまま出題される**ので、**余力があれば、赤字部分を確認しておける**とよい。

道路交通法に定める過労運転に係る車両の使用者に対する指示について、次のA、B、C、Dに入るべき字句として【いずれか正しいものを1つ】選びなさい。

　車両の運転者が道路交通法第66条（過労運転等の禁止）の規定に違反して過労により　A　ができないおそれがある状態で車両を運転する行為（以下「過労運転」という。）を当該車両の使用者（当該車両の運転者であるものを除く。）の業務に関してした場合において、当該過労運転に係る　B　が当該車両につき過労運転を防止するため必要な　C　を行っていると認められないときは、当該車両の使用の本拠の位置を管轄する公安委員会は、当該車両の使用者に対し、過労運転が行われることのないよう運転者に指導し又は助言することその他過労運転を防止するため　D　ことを指示することができる。

A　1．運転の継続　　　　2．正常な運転
B　1．車両の所有者　　　2．車両の使用者
C　1．運行の管理　　　　2．労務の管理
D　1．必要な措置をとる　2．休憩・仮眠等の施設を整備する

正解　A：2　B：2　C：1　D：1

車両の運転者が過労により正常な運転ができないおそれがある状態で車両を運転する行為を当該車両の使用者の業務に関してした場合において、当該過労運転に係る使用者が当該車両につき過労運転を防止するため必要な運行の管理を行っていると認められないときは、当該車両の使用の本拠の位置を管轄する公安委員会は、当該車両の使用者に対し、過労運転を防止するため必要な措置をとることを命令することができる。

正解　誤　り（命令ではなく、指示である）

第3章　道交法関係

15 運転者の遵守事項

問15、問16

重要度
★★★

運転者の遵守事項については、最近、出題頻度が上がっているテーマだ。3回に1回くらいの頻度にて、1つの問題として出題されるので、捨てるわけにはいかない。

通行に支障ある者の側方の通過

師匠の速報
（通行に支障のある者の側方を通るとき）

「少なくともゆっくり」
（少なくとも徐行が必要）

 　速攻攻略‼

主な**運転者の遵守事項**は、以下のものである。

①高齢者、身体に障害のある歩行者等で通行に支障のある者、監護者が付き添わない児童や幼児が通行しているとき、また、**身体障害者用の車**の通行、道交法に基づく政令で定める程度の**身体障害者**が、政令で定める**つえを携える通行、盲導犬を連れての通行**をしているときなどは、**一時停止又は徐行して、その通行等を妨げない**ようにする。

②児童、幼児等の乗降のため**停車している通学通園バスの側方を通過**するときは、**徐行して安全を確認**する。

③道路の左側部分に設けられた**安全地帯の側方を通過**する際、**安全地帯に歩行者がいるときは、徐行する。**

　→高齢者や幼児等の側方を走行する場合（上記①〜②）は、**少なくとも徐行が必要**である！（離れて走行では足りない）

④乗降口のドアを閉じ、貨物の積載を確実に行う等、当該車両等に**乗車している者や積載物の転落、飛散を防ぐため必要な措置**を講ずる。また、車両

等の積載物が**道路に転落・飛散**したときは、**速やかにその物を除去する**等、**道路における危険を防止**するため**必要な措置を講ずる**。

⑤正当な理由がないのに、**著しく他人に迷惑を及ぼすこととなる騒音を生じ**させるような方法で、自動車若しくは原動機付自転車の**急な発進、速度の急激な増加**、原動機の動力を車輪に伝達させないで原動機の回転数を増加（いわゆる**空ぶかし**）させない。

⑥**停止**している場合や、傷病者の救護など**緊急のやむを得ない場合を除き**、**携帯電話等の無線通話装置を通話のために使用**し、自動車等に取り付けられ、持ち込まれた**画像表示用装置に表示された画像を注視しない**。

⑦オートバイを除き、自動車の運転者は、**座席ベルトを装着しないで運転してはならない**。また、**座席ベルトを装着しない者**を運転者席以外の乗車装置に**乗車させて自動車を運転してはならない**。ただし、**疾病のためや療養上適当でない者**、政令で定める**やむを得ない理由があるとき**等は、この限りでない。

上記①～⑦が運転者の遵守事項のすべてではないが、出題されるのは、主にこの7つである。"問われ方"を予想問題で確認しておこう。

車両等の運転者は、身体障害者用の車が通行しているときは、その側方を離れて走行し、車の通行を妨げないようにする。

正解　誤り

身体障害者用の車が通行しているときは、**一時停止又は徐行**が必要であり、側方を離れて走行するのみでは**足りない**。

車両等の運転者は、高齢の歩行者でその通行に支障のあるものが通行しているときは、一時停止し、又は徐行して、その通行を妨げないようにしなければならない。

正解　正しい

監護者が付き添わない児童若しくは幼児が歩行しているときは、その側方を離れて走行するよう努めなければならない。

正解　誤り

監護者が付き添わない児童若しくは幼児が歩行しているときは、**一時停止又は徐行が必要**であり、側方を離れて走行するのみでは**足りない**。

車両等の運転者は、児童、幼児等の乗降のため、車両の保安基準に関する規定に定める非常点滅表示灯をつけて停車している通学通園バス（専ら小学校、幼稚園等に通う児童、幼児等を運送するために使用する自動車で政令で定めるものをいう。）の側方を通過するときは、徐行して安全を確認しなければならない。

正解　正しい

車両等の運転者は、児童、幼児等の乗降のため、車両の保安基準に関する規定に定める非常点滅表示灯をつけて停車している通学通園バスの側方を通過するときは、できる限り安全な速度と方法で進行しなければならない。

正解　誤り

児童用等の通学通園バスについては、本問と同様のヒッカケ問題がよく出題される。「できる限り安全な速度と方法で進行」と見ると、正しいようにも思えるが、**徐行して安全の確認**を行うことが必要である。

15

運転者の遵守事項

車両等に積載している物が道路に転落し、又は飛散したときは、必ず道路管理者に通報するものとし、当該道路管理者からの指示があるまでは、転落し、又は飛散した物を除去してはならない。

正解　誤　り（速やかな物の除去が必要）

正当な理由がないのに、著しく他人に迷惑を及ぼすこととなる騒音を生じさせるような方法で、自動車を急に発進させ、若しくはその速度を急激に増加させ、又は自動車の原動機の動力を車輪に伝達させないで原動機の回転数を増加させてはならない。

正解　正しい

自動車等の運転者は、自動車等を運転する場合においては、当該自動車等が停止しているときを除き、当該自動車等に取り付けられ若しくは持ち込まれた画像表示用装置（道路運送車両法に規定する装置であるものを除く。）に表示された画像を注視してはならない。

正解　正しい

自動車（大型自動二輪車及び普通自動二輪車を除く。）の運転者は、政令で定めるやむを得ない理由があるとき等を除き、座席ベルトを装着しない者を運転者席以外の乗車装置（当該乗車装置につき座席ベルトを備えなければならないこととされているものに限る。）に乗車させて自動車を運転してはならない。

正解　正しい

16 交通事故時の措置

問15、問27以降

重要度
★★★

交通事故時の措置は、穴埋め問題で出題されるケースと、問27以降の「実務上の知識及び能力」で出題されるケースがある。どちらにせよ毎回のように出題される頻出項目である。

交通事故時の運転者等の措置

ケガ人救い
（負傷者の救護）
未知の危険防止
（道路における危険防止）

速攻攻略!!

①交通事故があった場合、当該車両等の**運転者その他の乗務員は**、直ちに車両等の運転を停止して、**負傷者を救護し、道路における危険を防止するなど、必要な措置**を講じなければならない。

②交通事故があった場合、当該車両等の**運転者**（運転者が死亡し、又は負傷したためやむを得ないときは、その他の乗務員）は、**警察官が現場にいるときは当該警察官に、いないときは、直ちに最寄りの警察署の警察官に、**一定の事項を報告しなければならない。

③警察官に報告すべき事項は、事故の**発生日時、場所、死傷者の数**、負傷者の**負傷の程度**、損壊物と損壊の程度、事故車両等の**積載物**、講じた措置。
→この報告は、**道路における危険の防止**が目的なので、**事故の経緯や原因は、報告事項に含まれない。**

　交通事故時の措置は4回に1回くらいの頻度で、次ページのような穴埋め問題が出題される。出題のイメージを持っておこう。

道路交通法に定める交通事故の場合の措置についての次の文中、A、B、C、Dに入るべき字句として【いずれか正しいものを1つ】下の選択肢（1～8）から選びなさい。

　交通事故があったときは、当該交通事故に係る車両等の運転者その他の乗務員は、直ちに車両等の運転を停止して、　A　し、道路における　B　する等必要な措置を講じなければならない。この場合において、当該車両等の運転者（運転者が死亡し、又は負傷したためやむを得ないときは、その他の乗務員）は、警察官が現場にいるときは当該警察官に、警察官が現場にいないときは直ちに最寄りの警察署（派出所又は駐在所を含む。）の警察官に当該交通事故が発生した日時及び場所、当該交通事故における死傷者の数及び　C　並びに損壊した物及び損壊の程度、　D　並びに当該交通事故について講じた措置を報告しなければならない。

1．事故状況を確認　　　　　2．負傷者を救護
3．当該交通事故に係る車両等の積載物
4．安全な駐車位置を確保　　5．事故関係車両の数
6．負傷者の負傷の程度　　　7．危険を防止
8．当該交通事故に係る発生の経緯

正解　A：2　B：7　C：6　D：3

運転者は、中型トラックで走行中にオートバイと接触事故を起こした。オートバイの運転者が負傷して自力で動けなかったので、当該運転者の救護のため歩道に移動させた。その後、事故現場となった道路における危険を防止するため、双方の事故車両を道路脇に移動させ、発炎筒を使用して後続車に注意を促すとともに、救急車の手配と警察への通報を行い、運行管理者に連絡し、到着した警察官に事故について報告した。この対応は適切か。

正解　適　切

第3章　道交法関係

自動車の区分と道路標識

問17、問29以降

重要度
★★

道交法の「自動車の区分」と「道路標識」は、そのまま問われることもあるが、基本的には「実務上の知識及び能力」分野の問題を解く際の前提知識として必要となる。

17

自動車の区分と道路標識

準中型自動車の車両総重量

泣きごとなし！
(7.5トン未満)

見ごたえある受注
(3.5トン以上、準中型自動車)

速攻攻略!!

①**道交法における各自動車**は、次図のように区分される。

まず、「準中型自動車」は押さえておき、ひとまず、「普通自動車」の車両総重量等は"それ未満"、「中型自動車」は"それ以上"と押さえておけば、はじめは覚えやすい。

種　類	車両総重量	最大積載量	乗車定員	免許の種類
大型自動車	11トン以上	6.5トン以上	30人以上	大型免許
中型自動車	7.5トン以上 11トン未満	4.5トン以上 6.5トン未満	11人以上 29人以下	中型免許
準中型自動車	3.5トン以上 7.5トン未満	2トン以上 4.5トン未満	10人以下	準中型免許
普通自動車	3.5トン未満	2トン未満	10人以下	普通免許

②試験によく出題される道路標識は、以下のものである。

標識	内容
青	**大型貨物自動車等**（大型貨物自動車、大型特殊自動車、特定中型貨物自動車）は**通行できない**。標識下に「積4t」といった補助標識が付いていない限り、「**大型貨物**自動車等」は、**車両総重量8,000キログラム以上又は最大積載量5,000キログラム以上**のものを示す。
青	**駐停車**をしてはならない。 標識上の「9-12」は、「9時から12時までの間」を意味する。
青	車両は、黄色又は赤色の灯火の信号にかかわらず**左折**することができる。
青	車両は、**横断**することができない。 ただし、道路外の施設又は場所に出入りするための左折を伴う横断を**除く**。
青　追越し禁止	自動車は、他の自動車（軽車両を**除く**）を**追い越して**はならない。
	道路における車両の進行につき、一定の方向にする通行が禁止される道路において、車両がその禁止される方向に向かって**進入**することができない。
青	車両総重量が5,500キログラムを超える自動車は通行できない。
青	標識の**高さ**制限を超える車両は、通行できない。 （積載した荷物の高さを**含む**）
青	**大型貨物**自動車等は、最も左側の車両通行帯を通行しなければならない。

　道路標識は、このくらいで十分だろう。では、問題を確認しよう。

準中型自動車とは、大型自動車、中型自動車、大型特殊自動車、大型自動二輪車、普通自動二輪車及び小型特殊自動車以外の自動車で、車両総重量3,500キログラム以上、7,500キログラム未満のもの又は最大積載量2,000キログラム以上4,500キログラム未満のものをいう。

正解　正しい

青

1．この標識がある場合、車両総重量が7,980キログラムで最大積載量が4,500キログラムの中型貨物自動車は通行することができない。

2．この標識がある場合、車両総重量が9,800キログラムで最大積載量が5,500キログラムの特定中型自動車（専ら人を運搬する構造のもの以外のもの）は通行してはならない。

正解　1　誤　り　2　正しい

　本問の標識の**対象とする貨物自動車は、車両総重量が8,000キログラム以上又は最大積載量が5,000キログラム以上**のものである。よって、**選択肢1の自動車は、通行禁止の対象にならないため、通行することができる。選択肢2の自動車は、通行禁止の対象となり、通行できない。**

下の標識は、車両は、指定された方向以外の方向に進行してはならないことを意味する。

青

正解　誤　り（車両横断禁止の標識である）

荷主から運送依頼を受けて、運行管理者が運行の計画を立てた。

途中の道路のAB地点間には 青 、CD地点間には 青 の道路標識が設置されており、これらを勘案して通行可能な事業用トラックを配車する場合、【当該運行に適した車両を次の1〜3の事業用トラックの中から1つ】選びなさい。

事業用トラック	乗車定員	車両重量 (kg)	最大積載量 (kg)	車両総重量 (kg)	自動車の大きさ (m)		
					長さ	幅	高さ
1	2人	9,870	10,000	19,980	11.95	2.49	3.25
2	2人	4,740	6,500	11,350	10.80	2.49	3.10
3	2人	3,620	4,250	7,980	8.46	2.23	3.29

正解 3

　AB地点間にある標識は、大型貨物自動車等通行禁止の標識であり、**対象となる貨物自動車は、車両総重量が8,000キログラム以上又は最大積載量が5,000キログラム以上のものである。**

　また、CD地点間の標識は、**標識の高さ（本問では3.3メートル）を超える車両は、通行できない**ことを意味する。よって、これらの標識によって通行が禁止されず、当該運行に適しているのは3である。

 ちょこっとコメント

　上記の問題は「実務上の知識及び能力」の分野で出題された場合の一例であり、このような当てはめ問題が出題される。一瞬ひるむかもしれないが、落ち着いて考えれば難しくはない。慌てずに解答しよう。

第4章

労基法関係

攻略のカギ

労基法の分野では、**例年問18〜問23までの6問分**が出題されます。特に最後の2〜3問分は、具体的な事例を前提とした、改善基準の応用（当てはめ）問題が出題され、難しいと感じる受験生も多いでしょう。前半で出題される**通常の択一式問題**も、**改善基準の問題も正解時の得点に差はないため、まずは改善基準「以外」の知識をしっかり押さえて、**そこは正解できるようにしておきましょう。

その後、**改善基準の問題**の学習に入ります。理解してしまえば**難しい問題ではありません**し、**改善基準の問題は、「実務上の知識及び能力」の分野でも出題**されるため、捨てるわけにもいきません。「**知識を確認→問題を解く」というサイクル**を繰り返し、**"知識の使い方"**と**"解き方"**の**トレーニング**を行いましょう。

|01| 用語の定義

問18、問19

重要度
★

労基法で定める用語の定義は、選択肢の単位で他の問題とセットで出題される。覚えるべき用語は４つのみであり、このうち注意すべきは「平均賃金」の定義である。

「平均賃金」の定義のポイント

平均チキンを３ヵ月
（平均賃金は、３ヵ月間の賃金総額を）

すべての日で女子に
（総日数で除した金額）

3ヵ月…

速攻攻略!!

① **「労働者」**とは、**職業の種類を問わず**、事業又は事務所に**使用される者**で、**賃金を支払われる者**である。

② **「使用者」**とは、**事業主又は事業の経営担当者**その他その事業の労働者に関する事項について、**事業主のために行為をするすべての者**である。

③ **「賃金」**とは、賃金、給料、手当、賞与その他**名称を問わず**、**労働の対償**として、**使用者が労働者に支払うすべてのもの**である。

④ **「平均賃金」**とは、これを算定すべき事由の発生した日**以前３ヵ月間**に、労働者に**支払われた賃金の総額**を、**その期間の総日数で除した金額**である。

→「所定労働日数」で除した金額ではない！

$$平均賃金 = \frac{賃金総額（過去３ヵ月分）}{総日数（過去３ヵ月分）}$$

前ページの「**速攻攻略!!**」の①～③については、一読して、労基法で定められる各定義と自分のイメージが異なる部分があれば、イメージの調整をしておこう。ここはヒッカケ問題が出ることもないので、間違うこともないであろう。

　要注意は「平均賃金」の定義である。この定義については、下の予想問題のように、「**総日数で除した**」という部分を「**所定労働日数で除した**」と変えて出題してくるヒッカケ問題が定番なので、ここは間違ってはならない！

「労働者」とは、職業の種類を問わず、事業又は事務所に使用される者で、賃金を支払われる者をいう。

正解　正しい

「使用者」とは、事業主又は事業の経営担当者その他その事業の労働者に関する事項について、事業主のために行為をするすべての者をいう。

正解　正しい

「平均賃金」とは、これを算定すべき事由の発生した日以前3ヵ月間にその労働者に対し支払われた賃金の総額を、その期間の所定労働日数で除した金額をいう。

正解　誤り

　「所定労働日数」で除した金額ではなく、「総日数」で除した金額である。労基法で定める用語の定義が出題される場合、過去問題を見ると、この選択肢が必ずと言ってよいほど出題されているので、間違えないようにしよう。

|02 労働条件の原則等

問18

重要度
★★

労働条件とは、賃金や労働時間など、働くにあたっての条件のことである。労基法ではその原則や最低基準が定められており、その知識が出題されるので確認していこう。

法で定める労働条件の基準

ほう…条件は最低だ
（労基法での労働条件の基準は最低のもの）

よいと言ってもこれ以下はダメ！
（当事者がよいと言っても、それを下回る条件は無効）

速攻攻略!!

①労基法で定める労働条件の基準は、最低のものである。労働条件が基準を上回っていたとしても、この基準を理由として労働条件を低下させてはならないし、また、その向上を図るように努めなければならない。
　→当事者間の合意があっても、この基準を下回る労働条件にはできない。
②使用者は、労働者の国籍、信条又は社会的身分を理由として、賃金、労働時間その他の労働条件について、差別的取扱いをしてはならない。
③使用者は、労働者が女性であることを理由として、賃金について、男性と差別的取扱いをしてはならない。

　労働条件の原則規定は、上記3つがよく問われる。①の「努めなければならない」という規定の仕方は、**努力義務**と呼ばれるもので、努力さえ行えば、必ず実現しなくともよいものである。**労働条件の原則**について、**努力義務とされているのは、上記①のみ**である（＝他は実現が求められる）。

なお、念のため、「速攻攻略!!」で紹介したもの以外の原則も、紹介しておく。余力がある人は、ここまでチェックしておけるとよい。

プラスα　その他、労働条件に関する原則

①労働条件は、**労働者と使用者が、対等の立場**において決定すべき。

②使用者は、暴行、脅迫、監禁その他精神又は身体の自由を不当に拘束する手段によって、労働者の意思に反して労働を強制してはならない。

③何人も、法律に基づいて許される場合のほか、業として他人の就業に介入して利益を得てはならない。

④**使用者**は、労働者が労働時間中に、**選挙権**その他公民権を行使し、公の職務を執行するために**必要な時間を請求**した場合には、拒んではならない。ただし、その権利行使等を妨げない限り、**請求された時刻を変更**できる。

予想問題　合格←

法で定める労働条件の基準は最低のものであり、当事者間の合意がある場合を除き、この基準を理由として労働条件を低下させてはならないことはもとより、その向上を図るように努めなければならない。

正解　誤り

労基法で定める労働条件は**最低の基準**であり、当事者間で合意をしても、この基準を下回る労働条件にしてはならない。よって、「当事者間の合意がある場合を除き」とある点が誤っている。

予想問題　合格←

使用者は、労働者の国籍、信条又は社会的身分を理由として、賃金、労働時間その他の労働条件について、差別的取扱をしないように努めなければならない。

正解　誤り

差別的取扱いをしないように「努めなければならない」だけではなく、してはならない。

03 労働契約

問18、問19

重要度
★★★

労働契約にまつわる知識は、毎回のように出題される頻出項目である。ここで紹介する知識（特に赤字部分）から、何かしらは出題されるので、すべて押さえておいて損はない。

事実と異なる労働条件の解除

すぐに海上は
（すぐに解除できる）

異なる情景
（事実と異なる労働条件）

速攻攻略!!

①労基法の**基準に達しない労働条件を定める労働契約**は、その部分についてのみ無効となり、契約のすべてが無効となるわけではない。無効となった部分は、**労基法で定める基準による**こととなる。

②**労働契約の期間**は、期間の定めのない契約や、一定の事業の完了に必要な期間を定めるものは除き、**3 年**（労基法14条 1 項各号に該当する労働契約については 5 年）**を超える期間の締結ができない。**

③**使用者は、労働契約の締結に際し、労働者に対して賃金、労働時間その他の労働条件を明示しなければならない。**

④**明示された労働条件が事実と相違する場合、労働者は、即時に労働契約を解除することができる。**

⑤使用者は、**労働契約の不履行について違約金を定め、又は損害賠償額を予定する契約をしてはならない。**　→労働者が同意しても、契約できない！

「速攻攻略!!」の⑤の「**違約金**」や「**損害賠償額の予定**」とは、労働者が契約で定められた働きをしなかった場合は、○○円を支払うといった罰金のようなものだ。これらを**定めてはならない**。

法で定める基準に達しない労働条件を定める労働契約は、その部分については無効とする。この場合において、無効となった部分は、この法で定める基準による。

正解　正しい

労働契約は、期間の定めのないものを除き、一定の事業の完了に必要な期間を定めるもののほかは、2年（法第14条（契約期間等）第1項各号のいずれかに該当する労働契約にあっては、5年）を超える期間について締結してはならない。

正解　誤り（**労働契約の期間は、原則として3年である**）

労働者は、労働契約の締結に際し使用者から明示された賃金、労働時間その他の労働条件が事実と相違する場合においては、少なくとも30日前に使用者に予告したうえで、当該労働契約を解除することができる。

正解　誤り（**労働条件が事実と相違する場合、即時に解除できる**）

使用者は、労働契約の不履行についての違約金を定め、又は損害賠償額を予定する契約をしてはならない。ただし、当該事業場に、労働者の過半数で組織する労働組合がある場合においてはその労働組合、労働者の過半数で組織する労働組合がない場合においては労働者の過半数を代表する者との書面による協定があるときは、この限りでない。

正解　誤り（**違約金等を定められる例外はない**）

03

労働契約

04 賃金について

問18〜問20

重要度
★

賃金については、選択肢単位でたまに出題される程度であり、重要度は低い。他の項目の学習が終わった後、余力があれば押さえておく程度の学習でよいだろう。

時間外労働等の割増賃金

時間外でわりぃ
（時間外労働等の割増賃金）

ニコっとGO！
（2割5分〜5割の範囲内で）

速攻攻略!!

①**賃金は、毎月1回以上、一定の期日を定めて、支払わなければならない。** ただし、臨時に支払われる賃金、賞与その他これに準ずるもので厚生労働省令で定める賃金は、この限りでない。

②**使用者は、労働者が**出産、疾病、災害等の**非常時の費用のために賃金を請求する**場合、**支払期日前でも、既往の労働に対する賃金は支払う。**

③**使用者の責に帰すべき事由による休業の場合には、使用者は、休業期間中**当該労働者に、その**平均賃金の100分の60以上の手当**を支払う。

④**出来高払制その他の請負制で使用する労働者について、使用者は、労働時間に応じて、一定額の賃金の保障をしなければならない。**

⑤使用者が、**時間外労働又は休日労働**をさせた場合、通常の労働時間又は労働日の賃金の計算額の**2割5分以上5割以下の範囲内**で、政令で定める率以上の率で計算した、**割増賃金を支払わなければならない。**
ただし、**時間外労働の時間が1ヵ月に60時間を超えた場合、その超えた時間の労働については**、通常の労働時間の賃金の計算額の**5割以上の率で計算した割増賃金**を支払わなければならない。

⑥使用者が、**午後10時から午前5時までの間に労働させた（深夜労働）** 場合には、その時間の労働については、通常の労働時間の賃金の計算額の**2割5分以上の率で計算した割増賃金**を支払わなければならない。

賃金は、臨時に支払われる賃金、賞与その他これに準ずるもので厚生労働省令で定める賃金を除き、毎月1回以上、一定の期日を定めて支払わなければならない。

正解　正しい

使用者が、法の規定により労働時間を延長し、又は休日に労働させた場合においては、その時間又はその日の労働については、通常の労働時間又は労働日の賃金の計算額の2割5分以上5割以下の範囲内でそれぞれ政令で定める率以上の率で計算した割増賃金を支払わなければならない。ただし、当該延長して労働させた時間が1ヵ月について60時間を超えた場合においては、その超えた時間の労働については、通常の労働時間の賃金の計算額の5割以上の率で計算した割増賃金を支払わなければならない。

正解　正しい

なお、**「2割5分以上5割以下」という基準は、労基法で規定**されるものであり、政令で定められる割増賃金率の最低率は35％である。本試験では、この労基法の定めが問われる。

出来高払制その他の請負制で使用する労働者については、使用者は、労働時間に応じ一定額の賃金の保障をしなければならない。

正解　正しい

05 労働時間

問18、問19

重要度

★

労働時間についても、ここまでのテーマとセットで、選択肢単位で出題される。原則である「法定労働時間」と、その延長を行う方法（いわゆる三六協定<ruby>さぶろく</ruby>）は押さえておくこと。

法定労働時間と休憩時間の扱い

週40時間、休憩なし
（1週間40時間まで、休憩時間除く）

日ごとにヤケっぱち
（1日8時間まで）

速攻攻略!!

①労働時間の原則（法定労働時間）は、以下のとおりである。

　・1週間は40時間まで

　・1日は8時間まで

　・これらの時間について、休憩時間は除く

②使用者は、**労働者の過半数で組織する労働組合**か、それがない場合は、**労働者の過半数を代表**する者との**書面による協定**を行い、その協定を行政官庁に届け出た場合、上記①の法定労働時間を延長して、また、休日に、労働させることができる。→これが、いわゆる**三六協定**である。

③坑内労働や**法令上、健康上特に有害**と定められている業務の**労働時間の延長**は、**1日について2時間**を超えてはならない。

④**災害その他避けることのできない事由**によって、臨時の必要がある場合、使用者は、**行政官庁の許可**を受けて、その必要の限度において、**法定労働時間を延長**し、又は休日に労働させることができる。

なお、事態急迫（とても急ぎ）のために、**行政官庁の許可**を受ける暇がない場合は、事後に、遅滞なく届け出なければならない。

使用者は、労働者に、休憩時間を除き1週間について40時間を超えて、労働させてはならない。また、1週間の各日については、労働者に、休憩時間を含め1日について8時間を超えて、労働させてはならない。

正解　誤り（休憩時間を「除いて」8時間までである）

使用者は、当該事業場に、労働者の過半数で組織する労働組合がある場合においてはその労働組合、労働者の過半数で組織する労働組合がない場合においては労働者の過半数を代表する者との書面による協定をし、これを行政官庁に届け出た場合においては、法定労働時間又は法定休日に関する規定にかかわらず、その協定で定めるところによって労働時間を延長し、又は休日に労働させることができる。

正解　正しい

05
労働時間

使用者は、災害その他避けることのできない事由によって、臨時の必要がある場合においては、行政官庁の許可を受けて、その必要の限度において法に定める労働時間を延長し、又は休日に労働させることができる。ただし、事態急迫のために行政官庁の許可を受ける暇がない場合においては、事後に遅滞なく届け出なければならない。

正解　正しい

　ちなみに、2019年4月1日より段階的に施行されている「働き方改革」に関する改正点について、本書で特にコメントするもの以外は、気にする必要はない。なお、出題された場合、正しい選択肢として出題される可能性が高い。新たな知識に誤りを含ませるのは、難度が上がってしまうからだと推測する。

|06| 休憩・休日・休暇

問18〜問20

重要度
★★

ここまで見てきたテーマの中では、「労働契約」の次に出題頻度が多いのが「休憩・休日・休暇」である。それぞれ数字が出てくるので、数字部分を変えた出題が多いのも特徴だ。

有給休暇の取得要件

8割以上のロッカーが勤務
（8割以上出勤、6ヵ月の継続勤務）

「勇気YOU！」
（有給休暇）

速攻攻略!!

①使用者は、少なくとも以下の休憩時間を**労働時間の途中に与える**。

　・労働時間が6時間を超え、8時間以内の場合→45分

　・労働時間が8時間を超える場合→1時間

②使用者は、**4週間を通じて4日以上の休日を与える場合を除いて**、労働者に対して、**毎週少なくとも1回の休日**を与えなければならない。

　→多くの企業が週休2日制を採用しているが、労基法上の最低条件は、**週休1日（原則）**である。

③使用者は、その**雇入れの日から起算して6ヵ月間継続勤務**し、全労働日の**8割以上出勤**した労働者に対して、**10日の有給休暇を与える**。

　ちなみに、労基法上、「休日」と「休暇」は意味が異なる。「休日」は、もともと労働者が労働の義務を負わない日のこと、「休暇」は、労働者が労働の義務を負っている日に休む（労働義務が免除される）ことを意味する。よって、この2つは別々に規定され、別々に出題されるのである。

使用者は、労働時間が 6 時間を超える場合においては少なくとも45分、8 時間を超える場合においては少なくとも 1 時間の休憩時間を労働時間の途中に与えなければならない。

正解　正しい

使用者は、その雇入れの日から起算して 3 ヵ月間継続勤務し全労働日の 8 割以上出勤した労働者に対して、継続し、又は分割した10労働日の有給休暇を与えなければならない。

正解　誤り

有給休暇を与えなければならない労働者の要件としては、「 6 ヵ月間」の継続勤務が必要となり、「 3 ヵ月間」ではない。

使用者は、その雇入れの日から起算して 6 ヵ月間継続勤務し全労働日の 8 割以上出勤した労働者に対して、継続し、又は分割した 7 労働日の有給休暇を与えなければならない。

正解　誤り

有給休暇は「10労働日」を与えなければならないので、「 7 労働日」ではない。

使用者は、 4 週間を通じ 8 日以上の休日を与える場合を除き、労働者に対して、毎週少なくとも 2 回の休日を与えなければならない。

正解　誤り

使用者は、 4 週間を通じて 4 日以上の休日を与える場合を除き、労働者に対して、毎週少なくとも 1 回の休日を与えなければならない。

06

休憩・休日・休暇

205

|07| 健康診断

問19、問26以降

健康診断
重要度
★★

労働者が受ける健康診断については、比較的最近になって出題されはじめたテーマである。主に労働安全衛生規則の規定から出題され、今後は出題頻度が上がると予想される。

省略できる雇入れ時の健康診断

酸化しないトイレ
（医師による健康診断後、3ヵ月を経過しない者の雇入れ）

正面をティッシュ
（書面を提出したとき）

速攻攻略!!

①事業者は、**常時使用する労働者を雇い入れる**ときは、労働者に対して、一定の項目について**医師による健康診断を行わなければならない**。ただし、**医師による健康診断を受けた後、3ヵ月を経過しない者を雇い入れる**場合、その者が**当該健康診断の結果を証明する書面を提出**したとき、**当該健康診断の項目に相当する項目**については**不要**である。

②事業者は、**常時使用する労働者**（深夜業を含む業務等衛生規則に定める業務に従事する労働者を除く）に対し、**1年以内ごとに1回、定期に、**労働安全衛生規則に定める項目について、**医師による健康診断を行わなければ**ならない。

③事業者は、**深夜業を含む業務**に**常時従事**する**労働者**に対し、当該業務への**配置替えの際及び6ヵ月以内ごとに1回、定期に、**労働安全衛生規則に定める項目について、**医師による健康診断を行わなければ**ならない。

206

◆①～③をさらにまとめると、以下のようになる。

健康診断名	行う時期等
雇入れ時の健康診断	雇入れ時に行う。ただし、3ヵ月以内に医師の健康診断を受けた者が証明書を提出すれば省略可。
定期健康診断	1年以内ごとに1回、定期に行う。
特定健康診断 （深夜業）	・配置替えの際、及び、 ・6ヵ月以内ごとに1回、定期に行う。

④事業者は、これらの健康診断を受けた労働者に対し、遅滞なく、当該健康診断の結果を通知しなければならない。

⑤事業者は、これらの健康診断の結果に基づき、健康診断個人票を作成し、5年間保存しなければならない。

⑥事業者は、異常の所見があると診断された労働者の健康診断の結果に基づき、健康保持に必要な措置について、医師又は歯科医師の意見を聴かなければならない。

07
健康診断

予想問題

事業者は、常時使用する労働者を雇い入れるときは、当該労働者に対し、労働安全衛生規則に定める既往歴及び業務歴の調査等の項目について医師による健康診断を行わなければならない。ただし、医師による健康診断を受けた後、6ヵ月を経過しない者を雇い入れる場合において、その者が当該健康診断の結果を証明する書面を提出したときは、当該健康診断の項目に相当する項目については、この限りでない。

正解 誤り

本問はいわゆる"雇入れ時"の健康診断の話である。前半は正しいが、省略できるケースについて、医師による健康診断を受けた後、「6ヵ月を経過しない者を雇い入れる場合」ではなく、「3ヵ月を経過しない者を雇い入れる場合」である。

事業者は、常時使用する労働者（深夜業を含む業務等衛生規則に定める業務に従事する労働者を除く。）に対し、1年以内ごとに1回、定期に、労働安全衛生規則に定める所定の項目について医師による健康診断を行わなければならない。

正解　正しい

事業者は、深夜業を含む業務に常時従事する労働者に対し、当該業務への配置替えの際及び6ヵ月以内ごとに1回、定期に、労働安全衛生規則に定める所定の項目について医師による健康診断を行わなければならない。

正解　正しい

事業者は、健康診断の結果（当該健康診断の項目に異常の所見があると診断された労働者に係るものに限る。）に基づき、当該労働者の健康を保持するために必要な措置について、規則で定めるところにより、医師又は歯科医師の意見を聴かなければならない。

正解　正しい

事業者は、事業者が行う健康診断を受けた労働者から請求があった場合に限り、当該労働者に対し、規則で定めるところにより、当該健康診断の結果を通知するものとする。

正解　誤り

　健康診断の結果については、**事業者が健康診断後、遅滞なく通知する。**労働者からの請求があった場合に通知するものではない。

第4章　労基法関係

08 年少者と妊産婦

問19、問20

― 重要度 ―
★

年少者と妊産婦に関する規定については、選択肢単位での出題ばかりであり、出題頻度も低い。出題箇所もほぼ限られているので、ここで紹介する知識を押さえておけば大丈夫だ。

出産「前」に就業させられないケース

求めねば修行できない
（請求なければ、就業させることができない）

禅ロック、たしかにい～よ
（出産前6週間、多胎妊娠14週間以内）

速攻攻略!!

①使用者は、原則として、満18歳に満たない者を午後10時から午前5時までの間（＝深夜業）、使用してはならない。

②ただし、交替制によって使用する満16歳以上の男性については、深夜業に使用することができる。

③使用者は、6週間（多胎妊娠の場合には14週間）以内に出産予定の女性が休業を請求した場合には、その者を就業させてはならない。

④使用者は、原則として、産後8週間を経過しない女性も就業させてはならない。ただし、産後6週間を経過した女性が請求した場合で、その者について、医師が支障がないと認めた業務に就かせることは、差し支えない。

■③と④で、就業させられないケース■

・出産「前」→6週間（多胎妊娠は14週間）以内で、請求があった場合

・出産「後」→8週間を経過しない場合

　　　ただし、6週間経過＋請求あり＋医師が認めれば可能

⑤生後満1年に達しない生児を育てる女性は、労基法所定の休憩時間（204
ページ）のほか、1日2回少なくとも30分、その生児を育てるための時間
を請求できる。

年少者と妊産婦を雇う場合の制限についての出題は、この「速攻攻略!!」
の5つに限られていると考えてよい。なお、多胎妊娠とは、いわゆる双子
などを妊娠している場合である。

使用者は、満16歳以上の男性を交替制によって使用する場合その他法令
で定める場合を除き、満18歳に満たない者を午後10時から午前5時まで
の間において使用してはならない。

正解　正しい

使用者は、6週間（多胎妊娠の場合にあっては、14週間）以内に出産す
る予定の女性が休業を請求した場合においては、その者を就業させては
ならない。また、産後8週間を経過しない女性を就業させてはならない。
ただし、産後6週間を経過した女性が請求した場合において、その者に
ついて医師が支障がないと認めた業務に就かせることは、差し支えない。

正解　正しい

生後満1年に達しない生児を育てる女性は、労働基準法で定める所定の
休憩時間のほか、1日2回各々少なくとも30分、その生児を育てるため
の時間を請求することができる。

正解　正しい

第4章 労基法関係

解雇・退職

問18、問19

重要度
★★★

解雇の制限と予告については、毎回のように出題されるので、ここで紹介する知識は押さえておくこと。特に一定の「休業後」、30日間は解雇できない日数は頻出だ。

一定の休業後、解雇できない日数

傷ついて、あと30日は
（負傷・疾病・産前産後、その後30日間）

開校できない
（解雇できない）

速攻攻略‼

①使用者は、原則として、以下の場合は、**労働者を解雇できない。**

　ア　**業務上負傷**、又は、**疾病の療養のために休業**する期間

　イ　**産前産後の女性が休業**する期間（209ページ参照）

　ウ　上記アとイの**後30日間**

②ただし、上記①の場合でも、**使用者が打切補償を支払う**場合と、**天災事変その他やむを得ない事由のために事業の継続が不可能**となった場合は、解雇が可能。

③使用者は、**労働者を解雇しようとする場合、少なくとも30日前にその予告**をしなければならない。この**解雇予告をしないで、労働者を解雇**する場合、**30日分以上の平均賃金を支払わなければならない。**

④ただし、**天災事変などやむを得ない事由**のために事業の継続が**不可能**となった場合や、**労働者の責に帰す事由で解雇**する場合は、上記③の制限なくして解雇できる。

⑤また、**解雇の予告に関する上記③**の規定は、それぞれの期間を超えて、引き続き、使用されるに至った場合を除き、**以下の者には適用されない。**

　ア　**日日雇い入れられる者**

　イ　**2ヵ月以内**の期間を定めて使用される者

　ウ　**季節的業務に4ヵ月以内**の期間を定めて使用される者

　エ　**試の使用期間中の者**

⑥労働者が**退職**する場合、使用期間、業務の種類、その事業における地位、賃金又は退職の事由（退職の事由が解雇の場合には、その理由を含む）について**証明書を請求**した場合には、**使用者は、遅滞なくこれを交付**する。

「速攻攻略！！」の①と②について補足すると、使用者が労働者の疾病等で休んだことを理由に解雇されてしまうと、体調が悪いのに無理して仕事をしてしまうことになるため、解雇の制限がされている。

とはいえ、長期間たっても回復しない場合、打切補償を行ったケースや、天災等により経営が立ち行かなくなったような場合にまで、解雇できないのは使用者に酷なので、例外も定められているということである。なお、⑥は「解雇」ではなく、「退職」の話なので区別しておくこと。

予想問題

使用者は、労働者が業務上負傷し、又は疾病にかかり療養のために休業する期間及びその後6週間並びに産前産後の女性が法第65条（産前産後）の規定によって休業する期間及びその後6週間は、解雇してはならない。

正解　誤　り

労働者の業務上の負傷等の後など、解雇できない期間は30日間である。

予想問題

使用者は、労働者を解雇しようとする場合においては、法第20条の規定に基づき、少くとも14日前にその予告をしなければならない。14日前に予告をしない使用者は、14日分以上の平均賃金を支払わなければならない。

正解　誤　り（解雇の予告期間は30日前、平均賃金は30日分以上である）

使用者は、労働者を解雇しようとする場合、少なくとも30日前にその予告をしなければならない。30日前に予告をしない使用者は、30日分以上の平均賃金を支払わなければならない。但し、天災事変その他やむを得ない事由のために事業の継続が不可能となった場合又は労働者の責に帰すべき事由に基づいて解雇する場合においては、この限りでない。

正解　正しい

法第20条（解雇の予告）の規定は、法に定める期間を超えない限りにおいて、「日日雇い入れられる者」、「2ヵ月以内の期間を定めて使用される者」、「季節的業務に4ヵ月以内の期間を定めて使用される者」又は「試の使用期間中の者」のいずれかに該当する労働者については適用しない。

正解　正しい

労働者が、退職の場合において、使用期間、業務の種類、その事業における地位、賃金又は退職の事由（退職の事由が解雇の場合にあっては、その理由を含む。）について証明書を請求した場合においては、使用者は、遅滞なくこれを交付しなければならない。

正解　正しい

ONE POINT!! ちょこっとコメント

　本書は「集中レッスン」という書名のとおり、試験で出題される規定を厳選し、集中的に紹介する書籍である。労基法は120条以上の条文があるが、ここまで紹介した知識は、条文数でいえば30条分もないのだ。

09

解雇・退職

| 10 | 就業規則

問19

重要度
★★

就業規則については、基本的には選択肢単位で、3回に1回くらいの頻度で出題される比較的出題頻度が高いテーマだ。内容もやさしいので、しっかりと押さえておいてほしい。

就業規則の作成・変更の要件

「胴衣はいらん」と
（同意は不要）

修業への意見
（就業規則の作成等は意見を聴く）

速攻攻略!!

①**常時10人以上の労働者を使用する使用者**は、**就業規則を作成**し、**行政官庁に届け出なければならない**。就業規則を**変更**した場合も同じである。

→なお、就業規則への記載事項は、始業及び終業の時刻、休憩時間、休日、休暇等であるが、記載事項の正誤が問われる問題は出ていないので、気にしなくてよい。

②使用者は、**就業規則の作成又は変更**について、次の者の**意見を聴か**なければならない。→意見を聴くだけで、**内容への同意等は不要！**

・事業場に、労働者の過半数で組織する労働組合がある場合→労働組合

・その労働組合がない場合→労働者の過半数を代表する者

③就業規則で、**減給の制裁を定める場合**、減給は以下を超えてはならない。

・1回の減給額→平均賃金の1日分の半額

・減給の総額→**1賃金支払期**における**賃金の総額の10分の1**

④就業規則は、**法令や事業場に適用される労働協約に反してはならず**、これらに抵触する就業規則について、**行政官庁は変更を命ずることができる**。

「速攻攻略‼」の②は**頻出**であり、正解肢となることが多いので、確実に理解しておこう。なお、**就業規則**は、**書面の交付等**などの方法で、**労働者**に周知させる必要がある（216ページ参照）。

常時10人以上の労働者を使用する使用者は、始業及び終業の時刻、休憩時間、休日、休暇等法令に定める事項について就業規則を作成し、行政官庁に届け出なければならない。

正解　正しい

使用者は、就業規則の作成又は変更について、当該事業場に、労働者の過半数で組織する労働組合がある場合においてはその労働組合、労働者の過半数で組織する労働組合がない場合においては労働者の過半数を代表する者と協議し、その内容について同意を得なければならない。

正解　誤　り

就業規則について、労働組合等から内容についての同意を得る必要はない。意見を聴くのみで足りる。

就業規則で、労働者に対して減給の制裁を定める場合においては、その減給は、1回の額が平均賃金の1日分の半額を超え、総額が一賃金支払期における賃金の総額の10分の1を超えてはならない。

正解　正しい

就業規則は、法令又は当該事業場について適用される労働協約に反してはならない。また、行政官庁は、法令又は労働協約に抵触する就業規則の変更を命ずることができる。

正解　正しい

11 雑則

問18、問19

重要度

★

労基法の雑則については、前ページまでで触れた就業規則等の周知義務と、各種記録の保存についての2種類しか出ないと考えてよい。たまに出題される程度なので、余力があれば押さえておこう。

就業規則、協定等の労働者への周知

珠玉の競艇ロード
（就業規則、労働に関する協定等は）

皆に知らせよ！
（労働者へ周知する）

速攻攻略!!

①使用者は、労基法及びこれに基づく**命令の要旨、就業規則、時間外労働・休日労働に関する協定等**を、**常時各作業場の見やすい場所へ掲示**し、又は備え付けること、**書面を交付すること**その他の厚生労働省令で定める方法によって、**労働者に周知**させなければならない。

②**使用者は**、労働者名簿、賃金台帳及び雇入れ、解雇、災害補償、賃金その他**労働関係に関する重要な書類を5年間（当分の間は3年間）保存**しなければならない。

「速攻攻略!!」①の「時間外労働・休日労働に関する協定等」とは、いわゆる**三六協定の協定書**のことである（202ページ参照）。要するに、前ページまでで見た就業規則なども含めて、労働者が見やすいようにして、内容を理解させよう…という規定である。

なお、②に関して、そもそも使用者は、各事業場ごとに労働者名簿を各労働者（日日雇い入れられる者を除く）について調製し、労働者の氏名、

生年月日、履歴その他の事項を記入しなければならない。

　また、使用者は、各事業場ごとに賃金台帳を調製し、賃金計算の基礎となる事項や賃金額など、賃金支払の都度、遅滞なく記入しなければならない。ここまで覚えておく必要はないが、**このような書類があり**、**これらを5年間（当分の間は3年間）は保存**しておくことは覚えておこう。

　使用者は、労働基準法及びこれに基づく命令の要旨、就業規則、時間外労働及び休日労働に関する協定等を、常時各作業場の見やすい場所へ掲示し、又は備え付けること、書面を交付することその他の厚生労働省令で定める方法によって、労働者に周知させなければならない。

正解　正しい

　使用者は、労働者名簿、賃金台帳及び雇入、解雇、災害補償、賃金その他労働関係に関する重要な書類を2年間保存しなければならない。

正解　誤　り（保存期間は5年間（当分の間は3年間）である）

ONE POINT!!　**ちょこっとコメント**

　一部、労働安全衛生規則の話もあったが、**ここまでが労基法の規定自体**から出題されるテーマである。そして、次ページから**「改善基準」**の話に入る。「改善基準」の問題は、具体的事例を前提に、知識を当てはめる問題が出題されるので、試験全体から見ても難度が高い。

　そのため、ここからが本番！…という気持ちにもなるが、他の問題も改善基準の問題も1問は1問である。つまり、**ここまでの「01～11」のテーマの問題を正解しても、改善基準の問題を正解しても、得点数は同じ**だ。

　なので、得手不得手はあるが、ここまでのテーマの学習もおろそかにせず、正解しやすいところから、正解数を積み上げていこう。

11

雑則

12 改善基準の目的

問20

重要度
★

「改善基準」についても貨運法や車両法と同じく、1条で規定される目的規定が穴埋め問題で出題される。5回に1回くらいの頻度だが、出題時に対応できるよう確認しておこう。

改善基準の目的（ポイント）

より自動車と
（四輪以上の自動車の運転業務）

情景の向上に努めよ
（労働条件の向上に努める）

速攻攻略!!

改善基準の目的は、

①自動車運転者で、四輪以上の自動車の運転業務に主として従事する者の労働時間等の改善のための基準を定めることにより、

②自動車運転者の労働時間等の労働条件の向上を図ることを目的とする。

③労働関係の当事者は、この基準を理由として自動車運転者の労働条件を低下させてはならないことはもとより、その向上に努めなければならない。

④使用者及び労働者の過半数で組織する労働組合又は労働者の過半数を代表する者（労使当事者）は、労働時間を延長し、又は休日に労働させるための協定（時間外・休日労働協定）をする場合、時間外労働の時間は、原則

として、1ヵ月について45時間、1年について360時間の限度時間（一定の場合は、1ヵ月について42時間、1年について320時間）を超えない時間に限ること、**自動車運転者は1年について960時間に限ること**、**労働時間の延長及び休日の労働は、必要最小限**にとどめられるべきであること、その他の労働時間の延長及び休日の労働を適正なものとするための必要な事項は、労働基準法第36条第1項の協定で定める労働時間の延長及び休日の労働について留意すべき事項等に関する指針において定められていることなど、**一定の事項に十分留意**する。

本試験で穴埋め問題が出題される際、□□□は4つ分であることが通常だ。下記の予想問題は、過去に□□□とされた部分を確認できるよう、あえて□□□を5つ分としてある。この予想問題が解けるようになっておけば、出題されたとしても、問題なく対応できるだろう。

予想問題

「自動車運転者の労働時間等の改善のための基準」に定める目的等についての次の文中、A、B、C、D、Eに入るべき字句として【いずれか正しいものを1つ】選びなさい。

1. この基準は、自動車運転者（労働基準法第9条に規定する労働者であって、　A　の運転の業務（厚生労働省労働基準局長が定めるものを除く。）に主として従事する者をいう。以下同じ。）の労働時間等の改善のための基準を定めることにより、自動車運転者の労働時間等の　B　を図ることを目的とする。

2. 　C　は、この基準を理由として自動車運転者の　D　を低下させてはならないことはもとより、その　E　に努めなければならない。

A　1．四輪以上の自動車　　2．二輪以上の自動車
B　1．労働契約の遵守　　　2．労働条件の向上
C　1．使用者　　　　　　　2．労働関係の当事者
D　1．労働条件　　　　　　2．労働意欲
E　1．維持　　　　　　　　2．向上

正解　A：1　B：2　C：2　D：1　E：2

┃13┃ 1ヵ月（及び1年間）の 拘束時間

問20〜問22

重要度
★★★

改善基準に基づく運転者の拘束時間は、大きく「1ヵ月（及び1年間）」と「1日」の話に分けられる。拘束時間の問題は必ず出題されると考え、しっかり確認しておこう。

運転者の1ヵ月の拘束時間

ひと月の庭師！
（1ヵ月の拘束時間は、原則、284時間まで）

半年は佐藤でえんちゃう？
（6ヵ月分まで、310時間まで延長可）

1年間見よオレを！
（1年間の総拘束時間は3,400時間まで）

 速攻攻略!!

貨物自動車運送事業に従事する**運転者の1ヵ月及び1年間の拘束時間**の制限は、次のとおりである。

①原則は、**1ヵ月が284時間、1年が3,300時間まで**。

②労使協定があれば、**1ヵ月について310時間、1年について3,400時間まで延長**できる。

③ただし、**延長は、1年のうち6ヵ月分まで**、かつ、**1ヵ間の拘束時間が284時間を超える月が3ヵ月を超えて連続しない**ものとする。

↓

具体的な事例を前提に「上記制限を超えるか？」という点が問われる問題では、**284時間を超える月が6ヵ月分を超える選択肢**、また、**1年間の総拘束時間が3,400時間を超える選択肢を見つける**ことがポイントだ！

では、実際の問題で上記内容を確認しよう。

下表1～3は、貨物自動車運送事業に従事する自動車運転者（隔日勤務に就く運転者以外のもの。）の1年間における各月の拘束時間の例を示したものである。下表の空欄A、B、Cについて、次の選択肢ア～ウの拘束時間の組み合わせをあてはめた場合、「自動車運転者の労働時間等の改善のための基準」に【適合するものを1つ】選びなさい。「1ヵ月についての拘束時間の延長に関する労使協定」はあるものとし、下表に示された内容及び各選択肢に記載されている事項以外は考慮しないものとする。

1.

	4月	5月	6月	7月	8月	9月	10月	11月	12月	1月	2月	3月	Aを除く11ヵ月の拘束時間の合計
拘束時間（時間）	267	284	285	286	A	288	274	283	284	287	279	287	3,104

2.

	4月	5月	6月	7月	8月	9月	10月	11月	12月	1月	2月	3月	Bを除く11ヵ月の拘束時間の合計
拘束時間（時間）	287	276	279	285	292	284	274	B	286	285	291	281	3,120

3.

	4月	5月	6月	7月	8月	9月	10月	11月	12月	1月	2月	3月	Cを除く11ヵ月の拘束時間の合計
拘束時間（時間）	266	289	281	291	283	287	271	282	284	275	C	285	3,094

選択肢		A	B	C
	ア	278	291	280
	イ	313	283	281
	ウ	279	272	293

正解　ウ

本問では延長に関する**労使協定があるため、1年について6ヵ月までは、1ヵ月についての拘束時間を310時間まで延長**することができ、かつ、**1年についての拘束時間を3,400時間まで延長**ができる。

なお、拘束時間を延長する場合でも、**1ヵ月の拘束時間が284時間を超**

える月が３ヵ月を超えて連続しないようにする必要がある。以上を前提に、各選択肢を検討する。

まず、**選択肢ア**について、注目すべきは**Bの291時間**である。Bに291時間を入れると、「１ヵ月の拘束時間」が284時間を超える月が**７ヵ月**（４月、７月、８月、11月、12月、１月、２月）となり、基準に**違反する**こととなる。さらに、11月〜２月は284時間を超える月が３ヵ月を超えて連続しているので、この点でも**違反する**。

次に、**選択肢イ**について、注目すべきは**Aの313時間**である。上述したように、**労使協定がある場合でも拘束時間の延長は310時間まで**なので、この点で基準に**違反している**。

最後に、**選択肢ウ**について、Aに279時間、Bに272時間、Cに293時間を入れた場合、上述した基準に違反している項目は**ない**。

「自動車運転者の労働時間等の改善のための基準」に定める貨物自動車運送事業に従事する自動車運転者の拘束時間等についての次の文中、A、B、C、Dに入るべき字句として【いずれか正しいものを１つ】下の選択肢（１〜８）から選びなさい。

拘束時間は、１ヵ月について ___A___ を超えず、かつ、１年について ___B___ を超えないものとすること。ただし、労使協定があるときは、１年について６ヵ月までは、１ヵ月について ___C___ まで延長することができ、かつ、１年について ___D___ まで延長することができる。

１．284時間	２．293時間	３．310時間	４．320時間
５．3,200時間	６．3,300時間	７．3,400時間	８．3,500時間

正解　A：1　B：6　C：3　D：7

改善基準の拘束時間の規制は、**実際の事例**において、**その規制をどのように使うか**が理解できれば難しいことはない。過去問題集も用いて、使い方に慣れておけば得点源にできる問題である。

第4章　労基法関係

|14| １日における拘束時間等

問20〜問23

重要度
★★★

運転者の拘束時間については、「１日」単位での拘束時間の問題も頻出である。「１ヵ月（及び１年間）」の拘束時間と同じく、その規制をどのように使うかという点に慣れておこう。

１日の拘束時間

１日でもいーさ！
（１日の拘束時間は、原則13時間まで）

いー子と園長
（15時間まで延長可能）

速攻攻略!!

貨物自動車運送事業に従事する**運転者の１日の拘束時間**の制限は、次のとおりである。

①原則は、**13時間**まで。

②例外として、**15時間**まで延長可能（14時間超えは週２回までが目安）。

　ただし、貨物自動車運送事業に従事する自動車運転者に係る**１週間における運行が全て長距離貨物運送**（一の運行の走行距離が**450キロメートル以上**の貨物運送をいう）であり、かつ、**一の運行における休息期間**が、当該自動車運転者の住所地以外の場所におけるものである場合は、当該１週間について**２回に限り**、最大拘束時間を**16時間**まで延長可能。

③１日の拘束時間の算出方法について、**翌日の始業時刻**が、当日の始業時刻より早い場合、その早い時間分だけ、当日の拘束時間に加える。

④使用者は、貨物自動車運送事業に従事する自動車運転者に対し、**勤務終了後、継続９時間**（ただし、最大拘束時間を16時間まで延長することができ

る場合、当該１週間について２回に限り、継続８時間）以上の休息期間を
与えなければならない。

　この「速攻攻略!!」の**最大ポイント**は③である。ここも実際の問題を見
たほうがわかりやすいので、問題を確認しながら、上記「速攻攻略!!」を
どのように使うか確認しよう。

下図は、貨物自動車運送事業に従事する自動車運転者の１週間の勤務状
況の例である。「自動車運転者の労働時間等の改善のための基準」（以下
「改善基準」という。）に定める拘束時間等に関する次の記述のうち、【正
しいものを２つ】選びなさい。なお、すべて１人乗務の場合として、解
答にあたっては、下図に示された内容及び各選択肢に記載されている事
項以外は考慮しないものとする。

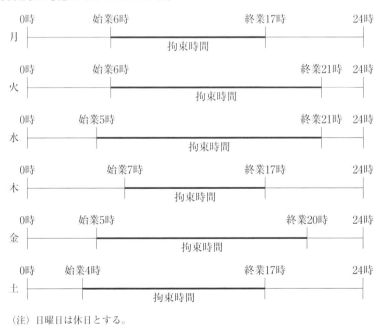

（注）日曜日は休日とする。

1．1日についての拘束時間が改善基準に定める最大拘束時間に違反する勤務がある。

2．1日についての拘束時間を延長することができる1週間についての回数は、改善基準に違反していない。

3．勤務終了後の休息期間は、改善基準に違反しているものはない。

4．木曜日に始まる勤務の1日についての拘束時間は、この1週間の勤務の中で拘束時間が最も短い。

正解　1と3

まず、本問の**各曜日の拘束時間**を計算すると、以下のようになる。

月曜日：（17時－6時）　　　　　　＝ 11時間

火曜日：（21時－6時）＋1時間 ＝ **16時間**

水曜日：（21時－5時）　　　　　　＝ **16時間**

木曜日：（17時－7時）＋2時間 ＝ **12時間**

金曜日：（20時－5時）＋1時間 ＝ **16時間**

土曜日：（17時－4時）　　　　　　＝ 13時間

当日（火曜日）の始業時刻より、翌日（水曜日）の始業時間が早い場合、その分をプラスする。

基本的には、終業時刻から始業時刻を引けば、1日の拘束時間が出るが、例えば、**火曜日**など、翌日である水曜日の**始業時刻が早い場合は、その早い時間分を当日（火曜日）の拘束時間にプラス**する。イロのアミ掛けがしてある部分がそれだ。なお、**火曜日にプラスされた1時間分は、その翌日（水曜日）でも加算**する。

このように各日の1日の拘束時間を出してしまえば、後は各制限に違反するかを確認していけばよい。

まず、**選択肢1**について、**1日の拘束時間は延長しても15時間まで**であるが、**それを超える時間はあるので、正しい**。

次に、**選択肢2**について、**拘束時間を延長することができるのは、14時間超えが週に2回まで**が目安とされているなので、3回ある本肢では、この点に違反する。よって、**選択肢2は誤っている**。

そして、**選択肢3**について、勤務終了後の**休息期間は、継続9時間**（た

14

1日における拘束時間等

だし、最大拘束時間を16時間まで延長することができる場合、当該1週間について2回に限り、継続8時間）以上とされる。各曜日の休息期間を算出すると、以下のようになる。

月～火曜日：13時間　　火～水曜日：8時間
水～木曜日：10時間　　木～金曜日：12時間
金～土曜日：8時間

　すると、どこを見ても継続8時間以上の休息期間があり、**休息期間の制限違反はなく、選択肢3は正しい**。なお、土曜日の翌日（日曜日）は休日なので、特に考慮する必要はない。

　最後に、**選択肢4**について、前ページの各曜日の拘束時間を見ればわかるように、木曜日の1日の拘束時間は12時間であり、月曜日（11時間）のほうが短いので、誤っている。

 ONE POINT!! ちょこっとコメント

　だんだんと理解できてきたと思うが、改善基準の問題を正解するためには、**第1段階**として、**どの基準をどの事例において用いるかという場合分けの判断**が必要となる。

　そして、**第2段階**として「基準」という名のとおり、**改善基準の問題は「この場合は○○」「この場合は△△」という基準をしっかりと覚えること**が重要だ。

　ただし、この辺は問題をたくさん解くことで、身に付けることが可能なので、**試験前にはできるだけ過去問題を解くなどして改善基準の問題に慣れ**てしまおう。

第 4 章　労基法関係

15 トラック運転者の休息の特例

問15、問16

重度度
★★★

休息期間（継続 9 時間が原則）について、トラック運転者には特例がある。文章量が長く、覚える知識の数も多いが、頻繁に出題される内容なので、できるだけ押さえておきたい。

勤務途中でのフェリー乗船

フェラーリが急速！
（勤務途中のフェリー乗船は休息期間に）

タイムは半分を下回るな
（下船〜勤務終了時刻の時間の
　2 分の 1 を下回ってはならない）

速攻攻略!!

①使用者は、トラック運転者の休息期間について、運転者の住所地における休息期間が、それ以外の場所における休息期間より長くなるように努める。
→要するに、トラック運転者については、地元での休息期間が長くなるようにする。

②使用者は、トラック運転者に対し、勤務終了後、継続 9 時間以上の休息期間を与えなければならないが（223ページ参照）、業務の必要上やむを得ない場合は、当分の間、2 暦日における拘束時間が21時間を超えないこと、その勤務終了後、継続20時間以上の休息期間を与えることを条件に、「隔日勤務」に就かせることができる。

③業務の必要上、継続 9 時間以上の休息期間を与えることが困難な場合、当分の間、一定期間における全勤務回数の 2 分の 1 を限度に、休息期間を拘束時間の途中と拘束時間の経過直後に分割できる。

④分割された休息期間は、1回当たり継続3時間以上とし、2分割又は3分割とする必要がある。

また、休息期間は1日において、2分割の場合は合計10時間以上、3分割の場合は合計12時間以上でなければならない。そして、休息期間を3分割とする日が連続しないよう努めるものとされている。

⑤トラック運転者（隔日勤務に就く運転者以外）が、同時に1台の事業用自動車に2人以上乗務する場合（車両内に身体を伸ばして休息できる設備がある場合に限る）では、1日（始業時刻から起算して24時間をいう）についての最大拘束時間を20時間まで延長できる。また、休息期間は、4時間まで短縮することができる。

→1日の拘束時間は、15時間まで延長できたが（223ページ参照）、この場合、さらに20時間までの延長が可能ということ。

⑥トラック運転者が、勤務途中でフェリーに乗船する場合、フェリー乗船時間（乗船〜下船時刻）は、休息期間として取り扱われ、この時間を与えるべき休息期間から減じることができる。ただし、減じた後の休息期間は、上記⑤の2人乗務の場合を除いて、フェリー下船時刻から、勤務終了時刻までの時間の2分の1を下回ってはならない。

→「休息」期間と扱われるので、1日の拘束時間にカウントされない。

本試験では、これらの特例がそのまま問われるので、確認しておこう。

使用者は、トラック運転者の休息期間については、当該トラック運転者の住所地における休息期間がそれ以外の場所における休息期間より長くなるように努めるものとする。

正解　正しい

使用者は、業務の必要上やむを得ない場合には、当分の間、改善基準第4条の1ヵ月についての拘束時間及び1日（始業時刻から起算して24時間をいう。以下同じ。）の拘束時間等の規定にかかわらず、次の条件の

下で貨物自動車運送事業に従事する運転者（以下「トラック運転者」という。）を隔日勤務に就かせることができる。

（1）2暦日における拘束時間は、一定の要件に該当する場合を除き、21時間を超えてはならない。

（2）勤務終了後、継続20時間以上の休息期間を与えなければならない。

正解　正しい

使用者は、業務の必要上、勤務の終了後継続9時間以上の休息期間を与えることが困難な場合、次に掲げる要件を満たすものに限り、当分の間、一定期間（1ヵ月程度を限度とする。）における全勤務回数の2分の1を限度に、休息期間を拘束時間の途中及び拘束時間の経過直後に分割して与えることができるものとする。

イ　分割された休息期間は、1回当たり継続3時間以上とし、2分割又は3分割とすること。

ロ　1日において、2分割の場合は合計8時間以上、3分割の場合は合計10時間以上の休息期間を与えなければならないこと。

ハ　休息期間を3分割とする日が連続しないよう努めるものとする。

正解　誤り

分割された休息期間は、1日において、**2分割の場合は合計10時間以上、3分割の場合は合計12時間以上**でなければならない。

使用者は、トラック運転者（隔日勤務に就く運転者以外のもの。）が同時に1台の事業用自動車に2人以上乗務する場合（車両内に身体を伸ばして休息することができる設備がある場合に限る。）においては、1日についての最大拘束時間を20時間まで延長することができる。

正解　正しい

15

トラック運転者の休息の特例

第4章　労基法関係

| 16 | 休日労働の協定

問20〜問22

― 重要度 ―
★★

トラック運転者に休日労働を行わせる場合の労働協定についての知識である。「2週間に1回まで」を押さえておくだけだ。よく出題される。

トラック運転者の休日労働

休日のロード練習
（休日に労働させる場合は）

2周を1回まで
（2週間について1回まで）

速攻攻略!!

　使用者は、**トラック運転者を休日に労働**させる場合、当該労働させる休日は**2週間について1回まで**とする。また、当該労働は、改善基準4条1項に定める拘束時間及び最大拘束時間（→13〜14で見てきた拘束時間の規制のこと）を超えないものとする。

　下の問題が判断できれば大丈夫だろう。

予想問題 合格←

　使用者は、貨物自動車運送事業に従事する自動車運転者に休日に労働させる場合は、当該労働させる休日は3週間について2回を超えないものとし、当該休日の労働によって改善基準第4条第1項に定める拘束時間及び最大拘束時間を超えないものとする。

正解　誤り（「3週間について2回」ではない）

第4章　労基法関係

17 運転時間

問20〜問22

重要度
★★★

「平均した1週間」又は「平均した1日」の運転時間の是非が問われるのが、この運転時間の問題である。特に「平均した1日」の算出方法が独特なので、注意しておこう。

平均運転時間が違反となる場合

2種の獅子が
（2週間の平均で44時間）

2日間くじびき
（2日間の平均で9時間が違反）

速攻攻略!!

運転者の**運転時間**は、次の2つの平均時間を超えてはならない。

①2週間を平均して、1週間当たり44時間。

②2日（始業時刻から48時間）を平均して、1日当たり9時間。

この2日間の平均値の算出は「特定日」が基準となり、特定日の前日と翌日について、それぞれの平均運転時間を求め、どちらも9時間を超えると、基準違反となる（特定日をB日・C日とした下図参照）。

A日　　　　　　B日　　　　　　C日　　　　　　D日
（8時間運転）　（10時間運転）　（9時間運転）　（10時間運転）

平均9時間　　平均9.5時間　　平均9.5時間

特定日をB日とした場合、　　特定日をC日とした場合、
基準違反ではない。　　　　基準違反である。

全体としては、基準違反である（基準違反の部分がある）。

16/17 休日労働の協定／運転時間

　下表は、貨物自動車運送事業に従事する自動車運転者の１ヵ月の勤務状況の例を示したものである。「自動車運転者の労働時間等の改善のための基準」に定める運転時間等に照らし、【次の１～２の中から違反している事項を１つ】選びなさい。なお、「時間外労働及び休日労働に関する労使協定」があるものとする。

（起算日）

第１週		1日	2日	3日	4日	5日	6日	7日	週の合計時間
	各日の運転時間	6	7	5	7	9	8	休日	42
	各日の拘束時間	9	13	10	10	13	13		68

第２週		8日	9日	10日	11日	12日	13日	14日 休日労働	週の合計時間
	各日の運転時間	5	4	5	8	10	8	6	46
	各日の拘束時間	8	7	7	15	15	10	8	70

第３週		15日	16日	17日	18日	19日	20日	21日	週の合計時間
	各日の運転時間	4	5	4	9	10	9	休日	41
	各日の拘束時間	8	8	8	11	16	11		62

第４週		22日	23日	24日	25日	26日	27日	28日 休日労働	週の合計時間
	各日の運転時間	9	8	5	4	5	6	4	41
	各日の拘束時間	13	12	9	10	12	11	10	77

第５週		29日	30日	31日	週の合計時間	1ヵ月（第１週～第５週）の合計時間	
	各日の運転時間	8	6	7	21	191	
	各日の拘束時間	12	10	13	35	312	

（注1）7日、14日、21日及び28日は法定休日とする。
（注2）法定休日労働に係る２週間及び運転時間に係る２週間の起算日は１日とする。
（注3）各労働日の始業時刻は午前８時とする。

１．２週間を平均した１週間当たりの運転時間
２．当該５週間のすべての日を特定日とした２日を平均した１日当たりの運転時間

正解　2

　選択肢１について、２週間を平均した１週間当たりの運転時間は44時間を超えてはならない。第１週の運転時間の合計は42時間、第２週の運転時間の合計は46時間であり、この２週間を平均した１週間当たりの運転時間は、（42時間＋46時間）÷２＝44時間である。

つまり、2週間を平均した1週間当たりの運転時間の制限である「44時間」を超えていない。

同様に、「第2週（46時間）と第3週（41時間）」、「第3週（41時間）と第4週（41時間）」、「第4週（41時間）と第5週（21時間）」について、2週間を平均した1週間当たりの運転時間を計算しても、**基準に違反はない**。

そして、**選択肢2**であるが、「当該5週間の**すべての日を特定日**」として、2日を平均した1日当たりの運転時間を求めることは、たいへんな労力となる。そこで、「2日を平均した1日当たりの**運転時間**」についての基準違反を確認する際は、**違反がありそうなところに目を付けて**、そこが大丈夫ならば違反はない、と考えるのがポイントだ。

ここがポイント！

この観点で本問を検討すると、**第3週の「19日」の運転時間が10時間**であり、**最も運転時間が長い**。

そこで、**この「19日」を特定日**とした場合、特定日の前日（18日）と特定日（19日）の運転時間の平均は、（9＋10）÷2＝9.5時間となり、特定日（19日）と特定日の翌日（20日）の運転時間の平均は、（10＋9）÷2＝9.5時間となり、ともに基準に違反している。

以上より、選択肢2が正解となる。

 ONE POINT!! ちょこっとコメント

選択肢2については、ウラ技的な解き方だ。実際のところ、**すべての日**について、**その前日・翌日との運転時間の平均値を算出するのは時間がかかりすぎる**。違反がありそうな運転時間の長い日に目を付けて、もし、そこで大丈夫であれば、その日よりも運転時間の"短い日"が違反となるわけはないので、違反はないと考える作戦だ。

17

運転時間

18 連続運転時間

問20〜問22

― 重要度 ―
★★★

「連続運転時間」の問題も毎回出題される頻出項目である。落ち着いて解けば簡単な問題であるが、最大のポイントは、10分未満の休憩が中断にカウントされない点だ。

運転の中断にカウントしない休憩

10分未満の
（10分未満の休憩は）

チューなどしない
（運転の中断にカウントしない）

速攻攻略!!

①「連続運転時間」とは、1回がおおむね連続10分以上で、合計30分以上の運転の中断がなく、運転する時間のこと。

↓

②運転の中断が8〜9分（おおむね10分）の場合、それが3回連続すると、3回目の時間は「運転の中断」として、カウントされない！

↓

③運転の中断は、原則として「休憩」を与える！

↓

④連続運転時間は、4時間を超えてはならない！

→ジャスト4時間の場合、「超えて」はいない。

　上記②について、運転の中断は「おおむね10分」でもカウントされるので、8〜9分でもカウントされるが、例えば、中断が「8分→8分→9分」と連続すると、**3回目の9分は中断にカウントされない**ということだ。

予想問題

下図は、貨物自動車運送事業に従事する自動車運転者の運転時間及び休憩時間の例を示したものであるが、このうち、連続運転の中断方法として「自動車運転者の労働時間等の改善のための基準」に【適合しているものを 2 つ】選びなさい。

1.

業務開始	運転	休憩	運転	休憩	運転	休憩	運転	休憩	運転	休憩	運転	休憩	運転	業務終了
	30分	10分	2時間	15分	30分	10分	1時間30分	1時間	2時間	15分	1時間30分	10分	1時間	

2.

業務開始	運転	休憩	運転	休憩	運転	休憩	運転	休憩	運転	休憩	運転	休憩	運転	業務終了
	1時間	15分	2時間	10分	1時間	15分	1時間	1時間	1時間30分	10分	1時間	5分	30分	

3.

業務開始	運転	休憩	運転	休憩	運転	休憩	運転	休憩	運転	休憩	運転	休憩	運転	業務終了
	2時間	10分	1時間30分	10分	30分	10分	1時間	1時間	1時間	10分	1時間	10分	2時間	

4.

業務開始	運転	休憩	運転	休憩	運転	休憩	運転	休憩	運転	休憩	運転	休憩	運転	業務終了
	1時間	10分	1時間30分	15分	30分	5分	1時間30分	1時間	2時間	10分	1時間30分	10分	30分	

正解　2と3

各選択肢では、運転（時間）と休憩（時間）が繰り返されているが、途中で合計30分以上の運転の中断が挟まる前に、 4 時間を超える連続運転があるかを確認すればよい。丁寧に確認してみよう。

まず、選択肢 1 では、業務開始から次ページの運転と休憩の流れがある（イロのアミ掛けが休憩）。

「30分→10分→ 2 時間→15分→30分→10分」

この休憩で合計30分以上の運転の中断が
挟まり、連続運転が途切れる。

またその後、「1 時間30分→ 1 時間」との流れがあるが、1 時間の休憩
部分で連続運転が途切れる。しかし、その後…

「2 時間→15分→ 1 時間30分→10分→ 1 時間」

この 1 時間の運転で、**運転時間が 4 時間を超えるが、この間に合計30
分以上の運転の中断がなく、ここで改善基準に違反する**ことになる。

また、**選択肢 4** では、業務開始から次の流れがある。

「1 時間→10分→ 1 時間30分→15分→30分→ 5 分→ 1 時間30分」

この間の休憩は「10分、15分、5
分」と合計すると30分になるが、
**1 回の運転の中断が10分未満の場
合**（おおむね10分でない）、その
時間は「運転の中断」としてカウン
トされない。「5 分」はカウン
トできないのだ。

この 1 時間30分の運転
で、**運転時間が 4 時間
を超えるが、この間に
合計30分以上の運転の
中断がなく、ここで改
善基準に違反する**。

以上より、選択肢 2 と 3 が正解となるが、これらの選択肢には改善基準
の違反はない。各自確認してみてほしい。

第5章

実務上の知識及び能力

攻略のカギ

「実務上の知識及び能力」の分野では、例年問24〜問30までの**7問分**が出題されます。そして、この分野は、**最低2問分を正解しないと、それだけで不合格**となってしまう危険な分野です。しかし、ここまでの第1章〜第4章の学習をしっかり行っていれば、**半分は正解**できます。**まずは、本書第1章〜第4章の内容をしっかり押さえる**ことが、**この分野の最大の攻略法です。**

その上で、試験当日までに、本書で紹介する**この分野でしか出題されない知識を押さえ**ます。さらに、**問29〜問30で出題される特殊な事例問題に慣れて**おけば、全問正解も可能です。**特に問30でよく出題される「事故の再発防止対策」に関する問題は、慣れてしまえば確実に得点できる**問題です。苦手意識を持たず、得点源にしてしまいましょう。

|01| この分野の学習方法等

問24〜問30

── 重要度 ──
★★★

「実務上の知識及び能力」の分野では、ここまで学習してきた内容の応用・総合問題がメインに出題される。具体的な解説に入る前に、この分野の「学習方法」について述べたい。

速攻攻略!!

① 「実務上の知識及び能力」の分野では、**第1章〜第4章までで学習した内容の応用・総合問題**が出題される。多くの問題が、**ここまでの学習内容で対応できる！**

　→ここまでの学習で対応できない問題については、この先に解説する！

②ここまでの内容のうち、「**点呼**」、「**指導及び監督**」、「**健康管理**」については、**特に出題頻度が高い。**

③事業者や運行管理者が「**行うべき**」内容を問う問題については、**常識的な感覚**において、行うべきことをしっかり行っている、と思えるものは正しい可能性が高い。

　→逆に、"少しでも手を抜いている"と感じられるものは、誤っている可能性が高い！

　例年、「実務上の知識及び能力」の分野では、**7問分**が出題される。第1章〜第4章までの知識が身に付いていない時点で、この分野の問題を見ると、難しく感じるかもしれない。

　しかし、少なくとも**半分くらいの問題**は、**第1章〜第4章までに学習した知識で解ける**問題であり、後は、この分野でしか出題されない知識を確認しておけば対応できる。

　つまり、「実務上の知識及び能力」の最大の攻略法は、まず**第1章〜第4章までの知識をしっかり身に付ける**ことである。次ページより、その実際例について問題を紹介しながら解説しよう。その上で、次の項目から、

この分野でしか出題されない知識を順次紹介していく。

　まずは、以下の問題を見てほしい。以後紹介する問題は、すべて実際に出題された問題と同趣旨の問題である。

　運行管理者は、事業者が定めた勤務時間及び乗務時間の範囲内で、運転者が過労とならないよう十分考慮しながら、道路状況なども勘案しつつ、乗務割を作成している。なお、乗務については、早めに運転者に知らせるため、事前に予定を示すことにしている。この行為は適切か。

正解　適　切

　本問は、30ページで解説した「**勤務時間及び乗務時間**」と「**乗務割**」の**作成者**が問われている。「**勤務時間及び乗務時間**」の作成者は、**事業者**であり、その範囲内で「**乗務割**」を作成するのは、**運行管理者**である。

　また後半について、乗務について早めに運転者に知らせるという点は、運行管理者として、行うべきことを行っていると言えるので適切である。

　運行管理者は、運転者に法令に基づく運行指示書を携行させ、運行させている途中において、自然災害により運行経路の変更を余儀なくされた。当該運行管理者は、営業所に保管する当該運行指示書の写しにその変更した内容を記載し、当該運転者等に対して電話等により変更の指示を行ったが、携行させている運行指示書については帰庫後提出させ、運行管理者自ら当該変更内容を記載のうえ保管し、運行の安全確保を図った。この行為は適切か。

正解　不適切

　本問は「**運行指示書**」の話であり、64ページで解説した。

　運行の途中で、**運行指示書で指示した内容に変更**が生じた場合、運行管理者は、**当該運転者等が携行している運行指示書**に、**当該変更の内容を運転者等自身に記載させなければならない**。運行管理者が自ら記入する行為は、**適切ではない**。では、次の問題を見てみよう。

01

この分野の学習方法等

239

予想問題

事業用自動車の運転者の健康管理に関する次の記述のうち、【正しいものを1つ】選びなさい。なお、解答にあたっては、各選択肢に記載されている事項以外は考慮しないものとする。

1．事業者は、業務に従事する運転者に対して、法令で定める健康診断を受診させ、その結果に基づいて健康診断個人票を作成して5年間保存している。また、運転者が自ら受けた健康診断の結果を提出したものについても同様に保存している。

2．事業者は、深夜（夜11時出庫）を中心とした業務に常時従事する運転者に対しては、法令に定める定期健康診断を1年に1回、必ず定期的に受診させるようにしている。

3．事業者は、脳血管疾患の予防のため、運転者の健康状態や疾患につながる生活習慣の適切な把握・管理に努めるとともに、この疾患は定期健康診断において容易に発見できることから、運転者に確実に受診させている。

正解　1

選択肢1は、207ページで述べた**健康診断個人票の保存期間**の話であり、**5年間で正しい。**

選択肢2は、206ページで述べた**深夜業の定期健康診断の時期**の話である。深夜業を含む業務に常時従事する労働者に対しては、**当該業務への配置替えの際及び6ヵ月以内ごとに1回の定期健康診断が必要**なので、適切ではない。

そして、**選択肢3**は、疾患に関する知識の話であり、ここまで解説はしていない。本肢のように、本書の第1章～第4章で触れていない知識は、この先に解説するので安心してほしい。少し触れておくと、脳梗塞などの**脳血管疾患**は、**定期健康診断では、容易に発見できない。**いわゆるMRI（Magnetic Resonance Imaging）といった画像診断が必要となるのだ。

では、最後によく出題される「点呼」に関する問題も確認してみよう。

点呼の実施等に関する次の記述のうち、【誤っているものをすべて】選びなさい。なお、解答にあたっては、各選択肢に記載されている事項以外は考慮しないものとする。

1. 業務前の点呼における酒気帯びの有無を確認するため、アルコール検知器を使用しなければならないとされているが、アルコール検知器を使用する理由は、身体に保有しているアルコールの程度を測定し、道路交通法施行令で定める呼気1リットル当たり0.15ミリグラム以上であるか否かを判定するためである。

2. 早朝の業務前点呼において、業務に従事する運転者の目が赤く眠そうな顔つきであったため、本人に報告を求めたところ、連日、就寝が深夜2時頃と寝不足気味ではあるが、何とか業務は可能であるとの申告があった。このため運行管理者は、当該運転者に対し途中で眠気等があった時には、自らの判断で適宜、休憩を取るなどして運行するよう指示し、出庫させた。

正解　1と2

選択肢1については、87ページで触れている。**アルコール検知器**を使用するのは、**酒気帯びの有無を確認するため**であり、呼気1リットル当たり0.15ミリグラム以上であるか否かを判定するためではない。

選択肢2についても、87ページで触れている。**運行管理者は、乗務員等の健康状態の把握に努め、疾病、疲労、睡眠不足その他の理由により安全に運行の業務を遂行し、又はその補助をすることができないおそれがある乗務員等を事業用自動車の運行の業務**に従事させてはならない。

以上のように、この分野の問題は、**第1章～第4章までの知識で解答できる**ものが多い。なので、まずは**第1章～第4章までの知識をしっかり身に付けてから**、最後にこの分野の学習をするのが効果的である。

01

この分野の学習方法等

|02| 運転者の健康管理

問24～問28

重要度

★★★

運転者の健康管理に関しては、最近、出題頻度が増えているテーマである。ここでは第4章（労基法分野）で見た健康診断に関する知識以外のものを確認していこう。

1単位のアルコール処理に必要な時間

いったん歩こう
（1単位のアルコール）

しょんぼり4時間
（処理に必要な時間は4時間）

速攻攻略!!

①脳血管疾患は、**定期健康診断では、容易に発見できない**。運転者の**意識や言葉に異常**がある場合は、**すぐに専門医療機関に受診させる**。また、運転者に脳血管疾患の症状を理解させて、そのような症状があった際は、すぐに申告させるべきである。→**脳血管疾患や心疾患**については、必要に応じて、**医師から乗務に係る意見を聴取**したほうがよい。

②漫然運転や居眠り運転の原因の1つとして、**睡眠時無呼吸症候群（SAS）**がある。睡眠時の無呼吸等により満足な睡眠がとれず、**狭心症や心筋梗塞などの合併症を引き起こすおそれ**もあるため、**早期治療が不可欠**である。**運転者に対し症状等を理解**させるよう**指導すべき**である。

③脳卒中や心臓病などを原因とした、**運転中の突然死による事故が増加している**。これらは暴飲暴食や運動不足などの生活習慣が原因で起こるため、**生活習慣病**と呼ばれる。自身の健康状態を把握するため、**定期的に健康診断を受診**させて、**生活習慣の改善を図るよう運転者に指導すべき**である。

④常習的な飲酒運転等の背景には、**アルコール依存症**がある。これは一度回復しても**再発の可能性が高い**ため、回復した運転者に対しても、**飲酒に関**

する**特別な指導**を行うべきである。

⑤飲酒したアルコールが体内から抜けきるまでの時間には、個人差があるが、**節度ある飲酒の目安**としては、**純アルコール20グラム（1単位）**と言われる。この1単位（**アルコール5％のビールでは約500ミリリットル**）の**アルコールを処理するための必要な時間**は、**おおむね4時間**とされる。

「実務上の知識及び能力」の分野では、安全運転に支障をきたす疾患等についての知識がよく出題される。ここで紹介した内容は押さえておこう。

定期健康診断で特に異常な所見のなかった運転者が、数ヵ月後に脳梗塞と診断され、病院に入院し治療を受けた。その後、退院した運転者より「完治したので業務に戻りたい。」との申告があったため、運行管理者は、医師から業務に係わる意見を聴取することなく、運転者の顔色等を確認のうえ大丈夫と判断して、業務に従事させた。この行為は適切か。

正解　不適切

脳梗塞（脳血管疾患）と診断された運転者に対する判断は、容易なものではなく、専門家である医師に業務に係る意見を**聴取すべき**である。

漫然運転や居眠り運転の原因の一つとして、睡眠時無呼吸症候群（SAS）と呼ばれている病気がある。安全運転の確保のためには、この病気の早期発見が重要であることから、事業者は、運転者に対し雇い入れ時、その後は定期的に医療機器によるSASスクリーニング検査を実施すべきである。

正解　正しい

ちなみに、スクリーニング検査とは、無症状の者を対象に、疾患の疑いのある者を発見することを目的に行う検査のことである。

02

運転者の健康管理

睡眠時無呼吸症候群（SAS）と呼ばれている病気は、狭心症や心筋梗塞などの合併症を引き起こすおそれはないが、安全運転を続けていくためには早期の治療が不可欠であることから、事業者は、運転者に対しSASの症状などについて理解させるよう指導する必要がある。

正解　誤　り（狭心症や心筋梗塞などの合併症を引き起こすおそれがある）

常習的な飲酒運転の背景には、アルコール依存症という病気があるといわれている。この病気は専門医による早期の治療をすることにより回復が可能とされており、一度回復すると飲酒しても再発することはないので、事業者は、アルコール依存症から回復した運転者に対する飲酒に関する指導を特別に行うことはしていない。

正解　誤　り

　アルコール依存症は、一度回復しても再発の可能性が高いため、飲酒に関する**特別な指導**も行うべきである。

飲酒により体内に摂取されたアルコールを処理するために必要な時間の目安については、例えば、ビール500ミリリットル（アルコール5％）の場合、概ね4時間とされている。事業者は、これを参考に個人差も考慮して、体質的にお酒に弱い運転者のみを対象として、飲酒が運転に及ぼす影響等について指導を行っている。

正解　誤　り

　体内に摂取されたアルコールを処理するために必要な時間の目安については、ビール500ミリリットル（アルコール5％）の場合、概ね4時間とされており、この点は正しい。しかし、**飲酒が運転に及ぼす影響等についての指導は、すべての運転者に行うべきであり、この点で誤っている。**

第5章　実務上の知識及び能力

|03| 交通事故の防止

問26〜問28

重要度
★★

「交通事故を防止」する各種の手段について、「実務上の知識及び能力」の分野で出題される知識を紹介する。これらは3回に1回くらいの頻度で出題される。

ヒヤリ・ハット

軽い肉
(29件の軽傷事故と)

冷んやり300個
(300件のヒヤリ・ハットした経験)

03

交通事故の防止

速攻攻略!!

①指差呼称は、信号や標識などを**指で差し、その名称や状態を声に出して確認する**ことをいう。運転者の錯覚や誤判断等を**防止**する手段であり、運転者の意識レベルを高め、有効な交通事故防止対策の手段となる。

②1件の重大事故が発生する背景には、**29件の軽傷事故と300件のヒヤリとした経験やハッとした経験がある**ことを**ヒヤリ・ハット**という。ヒヤリ・ハットを減少させることは、交通事故防止対策の有効な手段となる。

③事故防止対策を有効に講じるためには、**ヒューマンエラーの防止ばかりに注力するのではなく、背後に潜む、車両の構造上の問題、天候や道路などの走行環境、会社の運行管理上の問題**などの原因追究も必要である。

④ドライブレコーダーは、運転中の車内や周囲の**映像等を記録する車載装置**である。映像等だけではなく、**ブレーキやハンドル操作等の運転状況を記録できるタイプ**もあり、運転者の安全運転指導に活用できる。

⑤衝突被害軽減ブレーキは、レーダー等で検知した前方の車両等に衝突する危険性が高まった場合、**運転者にブレーキ操作をうながし**、衝突する可能

性が高くなると**自動的にブレーキが作動し**、衝突による被害を軽減させるためのものである。運転者には、**この機能等を理解させる**とともに、安全運転に努めるよう指導する必要がある。

ヒヤリ・ハットの数値部分は、念のため程度に押さえておけばよい。過去の出題実績はあるが、ここでヒッカケてくる問題は、近年出ていない。

指差呼称は、運転者の錯覚、誤判断、誤操作等を防止するための手段であり、信号や標識などを指で差し、その対象が持つ名称や状態を声に出して確認することをいうが、安全確認に重要な運転者の意識レベルは、個人差があるため有効な交通事故防止対策の手段となっていない。

正解　誤　り

指差呼称は、運転者の意識レベルを高め、有効な交通事故防止対策の手段となっている。

一般貨物自動車運送事業者が、実際の事故事例やヒヤリ・ハット事例のドライブレコーダー映像を活用して、事故前にどのような危険が潜んでいるか、回避するにはどのような運転をすべきかなどを運転者に考えさせる等、実例に基づいた危険予知訓練を実施することは、適切である。

正解　適　切

いわゆるヒヤリ・ハットとは、運転者が運転中に他の自動車等と衝突又は接触するおそれがあったと認識した状態をいい、1件の重大な事故（死亡・重傷）が発生する背景には多くのヒヤリ・ハットがあるとされ、このヒヤリ・ハットを調査し減少させることは、交通事故防止対策に有効な手段となる。

正解　正しい

交通事故のほとんどは、運転者等のヒューマンエラーにより発生するものなので、事故惹起運転者の社内処分及び再教育に特化した対策を講ずることが、交通事故の再発を未然に防止するには最も有効である。そのためには、発生した事故の調査や事故原因の分析よりも、事故惹起運転者及び運行管理者に対する特別講習を確実に受講させる等、ヒューマンエラーの再発防止を中心とした対策に努めるべきである。

正解　誤　り

　事故防止対策を有効に講じるためには、ヒューマンエラーの防止ばかりに注力するのではなく、その背後に潜む様々な問題の原因追究も必要である。

デジタル式運行記録計は、自動車の運行中、交通事故や急ブレーキ、急ハンドルなどにより当該自動車が一定以上の衝撃を受けると、衝突前と衝突後の前後10数秒間の映像などを記録する装置であり、事故防止対策の有効な手段の一つとして活用されている。

正解　誤　り

　本問は、ドライブレコーダーに関する正しい記述である。このようなヒッカケ問題も出るので、注意しておこう。なお、デジタル式運行記録計については、95ページを参照してほしい。

衝突被害軽減ブレーキが正常に作動していても、走行時の周囲の環境によっては障害物を正しく認識できないことや、衝突を回避できないことがあるため、当該装置が備えられている自動車の運転者に対し、当該装置を過信せず、細心の注意をはらって運転するよう指導する必要がある。

正解　正しい

|04 走行時の現象等（その１）

問27〜問29

重要度
★★★

走行時の現象等については、１つの問題として出題されることも多く、また、選択肢単位では２回に１回は出題される頻出事項である。難しい内容ではないので、しっかり押さえておこう。

フェード現象とペーパーロック現象

摩擦が増えれど
（摩擦が生じるフェード現象）

基本はペーパー
（気泡が生じるペーパー・ロック現象）

速攻攻略!!

走行時の現象については、以下の現象がよく出題される。ここは**一問一答形式**で、確認してみよう。

①雨の降りはじめに、**タイヤと路面の間にすべりやすい膜が生じ**、自動車の方向が急激に変わったり、流されたり、スリップしたりする現象は？

→ウェット・スキッド現象

②**路面が水でおおわれている**ときに、**高速で走行**することで、タイヤの排水作用が悪くなり、**タイヤが水の膜の上を滑走する状態**となり、**操縦不能**となる現象は？　　　　　　　　　　　　　　　→ハイドロプレーニング現象

③**タイヤの空気圧不足で高速走行**したとき、**タイヤの接地部に波打ち現象**が生じ、セパレーション（剥離）やコード切れが発生する現象は？

→スタンディング・ウェーブ現象

④フット・ブレーキの使いすぎにより、**ブレーキ・ドラムやブレーキ・ライ
ニング**が摩擦のため過熱し、**摩擦力が減って、**ブレーキの効きが悪くなる
現象は？　　　　　　　　　　　　　　　　　　　→フェード現象
⑤フット・ブレーキの使いすぎにより、ブレーキ・ドラムやブレーキ・ライ
ニングが過熱し、その熱のため**ブレーキ液の中に気泡**が生じ、ブレーキの
効きが悪くなる現象は？　　　　　　　　　　→ベーパー・ロック現象

　ポイントは"似ているもの"の区別だ。ブレーキ・ドラム等の**摩擦力が減
る**ことで、ブレーキの効きが悪くなるのがフェード現象、**ブレーキ液中に
気泡が生じる**ことで、ブレーキの効きが悪くなるのがベーパー・ロック現
象、という2点は注意しておこう。

　自動車の走行時に生じる諸現象とその主な対策に関する次の文中、A、
B、C、D、Eに入るべき字句として【いずれか正しいものを1つ】下の
選択肢（1～6）から選びなさい。

ア　　A　　とは、タイヤの空気圧不足で高速走行したとき、タイヤに波
　　打ち現象が生じ、セパレーション（剥離）やコード切れ等が発生する
　　ことをいう。これを防ぐため、タイヤの空気圧が適当であることを、
　　日常点検で確認するよう運転者に対し指導する必要がある。
イ　　B　　とは、雨の降りはじめに、路面の油や土砂などの微粒子が雨
　　と混じって滑りやすい膜を形成するため、タイヤと路面との摩擦係数
　　が低下し急ブレーキをかけたときなどにスリップすることをいう。こ
　　れを防ぐため、雨の降りはじめには速度を落とし、車間距離を十分に
　　とって、急ハンドルや急ブレーキを避けるよう運転者に対し指導する
　　必要がある。
ウ　　C　　とは、路面が水でおおわれているときに高速で走行するとタ
　　イヤの排水作用が悪くなり、水上を滑走する状態になって操縦不能に
　　なることをいう。これを防ぐため、日頃よりスピードを抑えた走行に
　　努めるべきことや、タイヤの空気圧及び溝の深さが適当であることを
　　日常点検で確認することの重要性を、運転者に対し指導する必要があ
　　る。

04

走行時の現象等（その1）

エ　　D　　とは、フット・ブレーキを使い過ぎると、ブレーキ・ドラム
やブレーキ・ライニングが摩擦のため過熱することにより、ドラムと
ライニングの間の摩擦力が低下し、ブレーキの効きが悪くなることを
いう。これを防ぐため、長い下り坂などでは、エンジン・ブレーキ等
を使用し、フット・ブレーキのみの使用を避けるよう運転者に対し指
導する必要がある。

オ　　E　　とは、フット・ブレーキを使い過ぎると、ブレーキ・ドラム
やブレーキ・ライニングなどが摩擦のため過熱してその熱がブレーキ
液に伝わり、液内に気泡が発生することによりブレーキが正常に作用
しなくなり効きが低下することをいう。これを防ぐため、長い下り坂
などでは、エンジン・ブレーキ等を使用し、フット・ブレーキのみの
使用を避けるよう運転者に対し指導する必要がある。

1．スタンディング・ウェーブ現象		2．ベーパー・ロック現象	
3．ハイドロプレーニング現象		4．ウェット・スキッド現象	
5．クリープ現象		6．フェード現象	

正解　A：1　B：4　C：3　D：6　E：2

　近年の本試験では、このように穴埋め問題の形式で問われることが多い
が、実際には、4つの穴（空欄）を埋める問題が出る。本問は学習のため、
穴（空欄）の数を5つにしてある。

　ちなみに、**「クリープ現象」**とは、オートマチック車がアイドリング状
態にあるとき、セレクトレバーがP（パーキング）や、N（ニュートラル）
以外の位置にあると、**アクセルを踏まなくても車がゆっくりと動き出す**現
象のことである。

　渋滞時や駐車時のスピード調整がしやすいこと、坂道発進時に車両が後
退しないという利点もあるが、ドライバーの意思に反して車が動き出すこ
とから、衝突事故が発生しやすい危険もある。

第5章　実務上の知識及び能力

|05| 走行時の現象等（その２）

問27〜問29

重要度
★

ここでは自動車自体の現象というよりかは、走行に関して、人の身体上、どのような現象が起こるかという内容を確認する。選択肢単位での出題が多く、４回に１回くらいの出題頻度である。

蒸発現象

くらいと見えない
（自動車のライトで見えなくなる）

ヤカンの蒸発
（夜間に起こる蒸発現象）

05

走行時の現象等（その２）

速攻攻略!!

①夜間の走行時、自車と対向車のライトで、道路の中央付近の歩行者等が見えなくなることがある。これを蒸発現象という（次ページ図参照）。

②前方の自動車との車間距離の感覚は、

　　・座席が高い（大型車）　　→余裕があるように感じる。

　　・座席が低い　　　　　　　→余裕がないように感じる。

③トンネルなどの暗いところから明るいところへ出たとき、一時的に低下した視力が回復することを明順応という。逆に、明るいところから暗いところに入ったときに、最初は何も見えないが、少しずつ見えるようになることを暗順応という。

④追越しをするとき、前の自動車と自車の速度差が小さい場合には、追越しに長い時間と距離が必要になることから、無理な追越しをしないよう運転者に対し指導する。

⑤運転者が直接見ることができない箇所を死角という。自動車は構造上の死角が少なくなるように設計されているが、それでも死角は存在する。

自動車の夜間の走行時では、自車と対向車のライトで、お互いの光が反射し合い、その間にいる歩行者や自転車が見えなくなることがあり、これを蒸発現象という。蒸発現象は暗い道路で特に起こりやすいので、夜間の走行は十分注意するよう運転者に対し指導する必要がある。

正解　正しい

自車のライトと、対向車のライトにより、歩行者等が見えなくなる。

前方の自動車を大型車と乗用車から同じ距離で見た場合、乗用車は運転席が低いため、車間距離をつめてもあまり危険に感じない。この点に注意して常に適正な車間距離をとるよう運転者を指導すべきである。

正解　誤　り

　運転席の高い大型車のほうが、車間距離に余裕があるように感じるため、車間距離をつめても、あまり危険に感じない傾向となる。

自動車が追越しをするときは、前の自動車の走行速度に応じた追越し距離、追越し時間が必要になる。前の自動車と追越しをする自動車の速度差が大きい場合には追越しに長い時間と距離が必要になることから、無理な追越しをしないよう運転者に対し指導する必要がある。

正解　誤　り（追越しに時間と距離が必要となるのは、速度差が「小さい」場合）

第5章　実務上の知識及び能力

|06 自動車の特性等

問27〜問29

重要度
★★

基本的には、選択肢単位だが「自動車の特性」についても、よく出題される。出題される知識は、ほぼ同じであるので、ここで紹介する内容を押さえていれば、試験には対応できるだろう。

慣性力・遠心力・衝撃力の増大

各地から
(それぞれの各チカラは)

そく、大きい二畳
(速度の2乗に比例し大きくなる)

速攻攻略!!

自動車には、以下のような特性があるので、事業者や運行管理者は、**これらを考慮した運転の指導**をする必要がある。

①自動車に働く**慣性力**は、自動車の**重量に比例して大きくなる。重量が増加するほど、制動距離が長くなる。**

②自動車の重量及び速度が同一の場合、**遠心力は、カーブの半径に反比例し、カーブの半径が2分の1になると、遠心力の大きさは2倍になる。**

③重量が同じ2台の自動車が、双方時速50キロメートルで正面衝突した場合の衝撃力は、時速100キロメートルで走行中の自動車が壁に衝突した場合と同じである。

④自動車に働く**慣性力、遠心力及び衝撃力は、速度の2乗に比例して大きくなる。つまり、速度が2倍になれば、これらは4倍に、速度が3倍になれば、これらは9倍となり**、制動距離、運転操作及び事故時の被害の程度に大きく影響する。

⑤ハンドルを左に切った場合、左側の後輪が左側の前輪の軌跡に対し内側を

通ることとなるが、この**前後輪の軌跡の差を内輪差**という。ホイールベースの長い**大型車ほど内輪差が大きく**なるので、大型車を運転する運転者に対し、**交差点での左折時**には、**内輪差による歩行者や自転車等との接触、巻き込み事故に注意するよう指導**する必要がある。

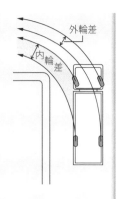

⑥後輪の**オーバーハング**とは、**最後輪より車両後端までのはみ出し部分**のことである。車両全長が長い大型車が右左折する場合、**ハンドルを一気にいっぱいに切る**ことにより、**オーバーハング部分の対向車線等へのはみ出し量が大きく**なり、対向車などへの接触事故の危険が高くなる。大型車の右左折では、**ハンドルを一気に切らないよう心がけることを指導する。**

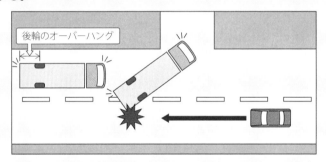

後輪のオーバーハング

⑦**二輪車**に対しては、以下の点を運転者に対して指導する必要がある。

・四輪車と同じように**急に停車できない。**

・**死角に入りやすく、存在に気づきにくい。**

・実際よりも、**速度が遅く感じたり、距離が遠くに見える。**

予想問題　合格 ⇦

カーブを走行するとき、自動車の重量及びカーブの半径が同一の場合には、速度が2倍になると遠心力の大きさも2倍になることから、カーブを走行する場合の危険性について運転者に対し指導する必要がある。

正解　誤 り

遠心力は、速度が2倍になると、遠心力の大きさは4倍になる。カーブの半径の大きさとの話と混同しないようにしよう。

ホイールベースの長い大型車ほど内輪差が大きくなるため、運転者に対して、交差点での左折時には、内輪差による歩行者や自転車等との接触、巻き込み事故に注意するよう指導する必要がある。

正解　正しい

車両全長が長い大型車が右左折する場合、ハンドルを一気にいっぱいに切ることにより、その間における車体後部のオーバーハング部分（最後輪より車両後端までのはみ出し部分）の対向車線等へのはみ出し量が少なくなり、対向車などに接触する事故を防ぐことができる。大型車の右左折においては、ハンドルを一気にいっぱいに切るような運転を心がける必要がある。

正解　誤り

ハンドルを一気にいっぱいに切ると、オーバーハング部分の対向車線等へのはみ出し量が大きくなる。

四輪車を運転する場合、二輪車との衝突事故を防止するための注意点として、①二輪車は死角に入りやすいため、その存在に気づきにくく、また、②二輪車は速度が実際より速く感じたり、距離が近くに見えたりする特性がある。運転者に対してこのような点に注意するよう指導する必要がある。

正解　誤り

二輪車は、速度が実際より遅く感じたり、距離が遠くに見える傾向がある。

06

自動車の特性等

|07 車間距離の計算等

問27〜問29

重要度
★★

車間距離の計算に関しては、以前は頻出事項であったが、最近の出題頻度は下がっている。しかし、選択肢単位での出題はあり、また、各用語は基本的知識として押さえておきたい。

制動距離

セイっと
（制動距離）

ブレずに止まる
（ブレーキを踏んでから停止するまでの距離）

速攻攻略!!

①車間距離に関する問題については、まず、以下の**4つの言葉の意味**を把握することが重要である。

- ・**空走時間**…危険を認知してから、ブレーキが効きはじめるまでの**時間**
- ・**空走距離**…危険を認知してから、ブレーキが効きはじめるまでの**距離**
- ・**制動距離**…ブレーキを踏んでから、停止するまでの**距離**
- ・**停止距離**…危険を認知してから、停止するまでの**距離**（空走距離＋制動距離）

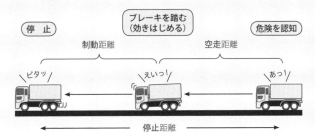

停止

ブレーキを踏む（効きはじめる）

危険を認知

制動距離　　　空走距離

ピタッ　　えいっ!　　あっ!

停止距離

②他の自動車に追従して走行するときは、常に「秒」の意識をもって、自車の速度と停止距離に留意し、停止距離と同程度の車間距離を保って運転するよう指導する必要がある。

　ここでは「制動距離」と「停止距離」の違いを把握しておくことが、最大のポイントである。例えば、上記の「速攻攻略‼」の②については、前の自動車に追突しないためには、ブレーキを踏みはじめてから止まるまでの「制動距離」ではなく、結局は、"危ないと認知"してから止まるまでの「停止距離」と同程度の車間距離をとっておくべきである。

　　　　　とは、運転者が走行中に危険を認知して判断し、ブレーキ操作に至るまでの間に自動車が走り続けた距離をいう。自動車を運転するとき、特に他の自動車に追従して走行するときは、危険が発生した場合でも安全に停止できるような速度又は車間距離を保って運転するよう運転者に対し指導する必要がある。　　　　　に入る字句はいずれか。

　1．制動距離　　2．空走距離

正解　　2

　他の自動車に追従して走行するときは、常に「秒」の意識をもって自車の速度と制動距離（ブレーキが効きはじめてから止まるまでに走った距離）に留意し、前車への追突の危険が発生した場合でも安全に停止できるよう、制動距離と同程度の車間距離を保って運転するよう指導している。

正解　誤　り

　本問と同様の選択肢が、近年はよく出題されている。上でも述べたが、運転者が留意すべきは、「制動距離」ではなく、「停止距離」である。「停止距離」と同程度の車間距離をとっておかないと、追突の危険性がある。

時速36キロメートルで走行中の自動車の運転者が、前車との追突の危険を認知しブレーキ操作を行い、ブレーキが効きはじめるまでに要する空走時間を1秒間とし、ブレーキが効きはじめてから停止するまでに走る制動距離を8メートルとすると、当該自動車の停止距離は13メートルとなることを指導している。

正解　誤　り

　本問と同様の問題が出た場合、人によっては、問題文の内容が法令等の規定に合致しているかどうか、ということを考えてしまうかもしれないが、**単なる計算問題**であると考えよう。本問の条件において、「停止距離は13メートル」という部分が正しいかを確認するのだ。

　停止距離とは、空走距離＋制動距離である。本問の制動距離は8メートルなので、空走距離が求められればよい。**時速36キロメートルを秒速に直す**と、1時間は3,600秒なので、**自動車の秒速は36,000÷3,600＝10メートル**となる。そして、**空走時間は1秒間**であるから、その間の自動車の**空走距離は10メートル**である。

　よって、**停止距離は10＋8＝18メートル**となるため、「停止距離は13メートルとなる」とする本問は**誤っている**。

 ONE POINT!! ちょこっとコメント

　平成25年度くらいまでは、上記のような問題のみならず、前方の自動車を追い越すため（追い越して前方○メートルに達するまで）に必要な距離や時間など、手の込んだ計算問題が出題されていた。しかし、近年では、上記レベルの出題にとどまっており、何を求めればよいのか（そのために用語の定義は理解しておく）を把握し、落ち着いて計算をすれば解ける。

第5章　実務上の知識及び能力

08 運行計画

問29

重要度
★★★

毎回のように問29では、運行管理者が立てた「運行計画」の適否等に関する問題が出題される。実質的にこの問題は、第4章で確認した「改善基準」に関する問題である。

速攻攻略!!

①毎年のように問29では、**具体的な「運行計画」**を前提に、その「運行計画」の内容が、**改善基準に違反していないか**が問われる。

②要するに、**第4章の218ページから確認した改善基準の問題**であり、**本書第4章の内容を把握**しておけば、**解ける**内容である。

③たまに選択肢の1つとして、「速さ・距離・時間」を求める問題も出るが、「**速さ×時間＝距離**」、「**距離÷速さ＝時間**」、「**距離÷時間＝速さ**」という公式を使うことで解ける。

08

運行計画

　結論から言えば、**問29で出題される「運行計画」の問題は、改善基準の問題**と言える。つまり、**対策としては、本書第4章の内容を押さえて、どのような問題が出るかを確認**しておけばよい。

　これは実際の問題を見ないと伝わりにくいので、早速、実際に出題された問題と同様の問題を見ながら、解き方を確認してみよう。

🚚 予想問題　合格⇦

　貨物自動車運送事業者の運行管理者は複数の荷主からの運送依頼を受けて、下のとおり4日にわたる2人乗務による運行計画を立てた。この2人乗務を必要とした根拠についての次の1～2の下線部の運行管理者の判断について、【正しいものをすべて】選びなさい。なお、解答にあたっては、＜4日にわたる運行計画＞及び各選択肢に記載されている事項以外は考慮しないものとする。

＜4日にわたる運行計画＞

前日 当該運行の前日は、この運行を担当する運転者は、休日とする。

1日目 始業時刻 6時00分／出庫時刻 6時30分／到着時刻 19時45分／終業時刻 20時00分

| 業務前点呼（営業所） | 運転 1時間 | 荷積み 1時間 | 運転 3時間 | 休息 1時間 | 運転 2時間 | 休息 15分 | 運転 3時間 | 荷下ろし 1時間 | 運転 1時間 | 業務後点呼 | 宿泊所 |

2日目 始業時刻 4時00分／出庫時刻 4時30分／到着時刻 16時45分／終業時刻 17時00分

| 業務前点呼 | 運転 1時間 | 荷積み 1時間 | 運転 1時間30分 | 休息 15分 | 運転 2時間30分 | 中間点呼休息 1時間 | 運転 3時間 | 荷下ろし 1時間 | 運転 1時間 | 業務後点呼 | 宿泊所 |

3日目 始業時刻 4時00分／出庫時刻 4時30分／到着時刻 16時45分／終業時刻 17時00分

| 業務前点呼 | 運転 1時間 | 荷積み 1時間 | 運転 3時間 | 中間点呼休息 1時間 | 運転 2時間 | 休息 15分 | 運転 2時間 | 荷下ろし 1時間 | 運転 1時間 | 業務後点呼 | 宿泊所 |

4日目 始業時刻 5時00分／出庫時刻 5時30分／到着時刻 21時30分／終業時刻 22時00分

| 業務前点呼 | 運転 1時間30分 | 休息 1時間 | 運転 2時間 | フェリー乗船 3時間 | 運転 2時間 | 休息 1時間 | 運転 3時間 | 荷下ろし 1時間 | 運転 1時間30分 | 業務後点呼（営業所） | 宿泊所 |

翌日 当該運行の翌日は、この運行を担当する運転者は、休日とする。

1. 1人乗務とした場合、1日についての最大拘束時間及び休息期間が「自動車運転者の労働時間等の改善のための基準」（以下「改善基準告示」という。）に違反すると判断して、当該運行には交替運転者を配置した。

2. 1人乗務とした場合、連続運転時間が改善基準告示に違反すると判断して、当該運行には交替運転者を配置した。

正解　1と2

　2つの選択肢を見ればわかるとおり、どれも改善基準に合致しているかが問われている。復習もかねて、1つずつ見ていこう。

〔選択肢1について〕

　1日の拘束時間と休息期間が問われている。223ページから解説した内容だ。ざっとおさらいすると、1日の拘束時間は、**原則13時間**まで、**15時間**までは**延長**可能である。

　そして、1日の拘束時間の算出方法について**最大のポイント**は、翌日の始業時刻が、当日の始業時刻より早い場合、その早い時間分だけ、当日の拘束時間に加える点である。

以上を踏まえて、1～4日目の拘束時間を算出すると、

1日目：16時間　～終業20時－始業6時＋翌日の始業が2時間早い
2日目：13時間　～終業17時－始業4時
3日目：13時間　～終業17時－始業4時
4日目：14時間　～終業22時－始業5時－フェリー乗船3時間

となり、**1日の拘束時間**について、**改善基準違反がみられる。**

　1日の拘束時間は、基本的に終業時刻から始業時刻を引けばよい。しかし、ポイントは、翌日の始業が早い場合と、4日目のフェリー乗船だ。

　228ページで触れたとおり、**フェリーに乗船している時間は「休息」期間としてカウントできる。**「休憩」ではなく、「休息」期間であり、終業後、**家に帰っている時間と同じ扱いなのだ。**

　また、本問ではもう1つ、**休息期間も確認しなければならない。** 223ページで触れたとおり、休息期間については、**勤務終了後、継続9時間以上が必要だ。** 本問の休息期間を算出すると…

1日目～2日目：8時間　～始業4時（28時）－就業20時
2日目～3日目：11時間　～始業4時（28時）－就業17時
3日目～4日目：12時間　～始業5時（29時）－就業17時

となるので、**休息期間についても、改善基準違反がみられる。**

　結果、1日についての最大拘束時間及び休息期間について改善基準違反があるとの判断は、正しいことになる。

〔**選択肢2について**〕

　選択肢2では、**連続運転時間**が問われている。234ページから解説した内容だ。ここもざっとおさらいすると、「連続運転時間」とは、1回がおおむね連続10分以上で、合計30分以上の運転の中断がなく、運転する時間のことである。**連続運転時間は、4時間を超えてはならない。**

ここでのポイントは、１回の運転の中断が、おおむね10分に満たない場合、その時間は「運転の中断」として、カウントされないという点だ。では、本問の検討を始めてみよう。まずは１日目だ。

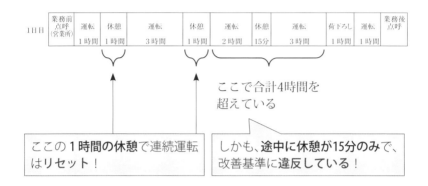

　以上のように、１日目の検討で、**連続運転時間**について、**改善基準違反があること**がわかる。よって、連続運転時間が改善基準告示に違反すると判断して、当該運行には交替運転者を配置した点は、**正しい**。

　なお、**234ページ**の「速攻攻略!!」の③で触れたが、2024年４月１日施行の改正改善基準により、運転の中断は「休憩」を与えるべきであり、**荷積みや荷下ろしは原則として、運転の中断にカウントされなくなった**。実務上の要請から、特段の事情があれば運転の中断に含めたとしても違反とならないケースもあるが、問題ではこのような例外的なケースまでは考えないでよいであろう。

　以上のように、少し応用問題的な要素はあるが、**結局は第４章で確認した知識が、場所を変えて問われているだけ**である。

　第４章の解説の繰り返しになってしまうので、このくらいで解説は終えるが、この第５章の冒頭でも述べたように、**まずは第１章〜第４章までの内容をしっかり押さえる**ことが、「実務上の知識及び能力」の分野の攻略**方法**であることは、この問題でもご理解いただけるであろう。

第 5 章　実務上の知識及び能力

09　事故の再発防止対策

問30

重要度
★★★

毎回のように問30では、具体的な事例を前提に、運行管理者が立てた「事故の再発防止対策」の実効性を問う問題が出題される。問題文が長いだけで、簡単な部類の問題である。

解き方のポイントは、以下のとおりである。

①まずは、「当該事故」の発生原因を把握する。

→これが把握できれば、正解にグッと近づく！

②問題で提示されている再発防止対策について、同様の事故の「再発」防止という観点から、適切なものを選ぶ。

→行っていれば、当該事故の発生を防げた可能性の高い対策を選ぶ！

→すべてを選ぶことができなくとも、"絶対にこれは有効"というものを 2 つは選べるとよい。

③また、当該事故には、直接的に関係がないという対策も 1 つは選ぶ。

→これが含まれる選択肢は、消去法で消す！

④上記②③を組み合わせることで、正解できる！

　そもそも「事故の再発防止対策」の問題は、問題文で提示された事故と、それを受けて立てた「再発防止対策」について、直接的に有効なものはどれか…という問題が出題される。

　この問題では「事故の再発防止対策」として、たくさんの提案がなされており、そのどれもが「事故防止」の観点からは正しい。しかし、「当該事故」の「再発防止」という観点からは、直接的には関係のない対策が含まれている。その対策が含まれる選択肢を除外する消去法も有効だ。

　では、ここも問題を見ないと伝わりにくいので、次ページより実際に近年に出題された過去問題を見ながら、解き方を確認してみよう。

09

事故の再発防止対策

運行管理者が次の事業用大型トラックの事故報告に基づき、この事故の要因分析を行ったうえで、同種事故の再発を防止するための対策として、【最も直接的に有効と考えられる＜事故の再発防止対策＞の組合せ】を選びなさい。なお、解答にあたっては、【事故の概要】及び【事故の推定原因・事故の要因】に記載されている事項以外は考慮しないものとする。

【事故の概要】

当該運転者は、当日早朝に出勤し運行管理者の電話点呼を受けたのち、貨物の納入先へ向け運行中、信号機のない交差点に差しかかり、前方の普通トラックが当該交差点から約10メートル先の踏切で安全確認のため一時停止したため、それに続いて当該交差点の横断歩道上に停止した。その後前方のトラックが発進したことをうけ、車両前方を母子が横断していることに気付かず発進し、母子と接触し転倒させた。この事故により、母親とベビーカーの子供が重傷を負った。

なお、当該車両にはフロントガラス下部を覆う高さ約30センチメートルの装飾板が取り付けられていた。

・事故発生：午前10時20分
・天候　　：晴れ
・道路　　：幅員8.0メートル
・運転者　：45歳　運転歴14年

【事故の推定原因・事故の要因】

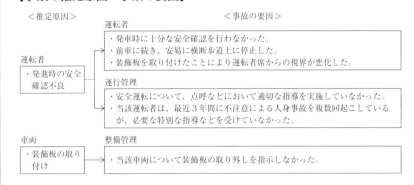

【事故の再発防止対策】

ア　対面による点呼が行えるよう要員の配置を整備する。

イ　装飾板等により運転者の視界を妨げるものについては、確実に取り外させるとともに、装飾板等取り付けが運転者の死角要因となることを運転者に対して、適切な指導を実施する。

ウ　運転者に対して、交通事故を惹起した場合の社会的影響の大きさや過労が運転に及ぼす危険性を認識させ、疲労や眠気を感じた場合は直ちに運転を中止し、休憩するよう指導を徹底する。

エ　事故惹起運転者に対して、安全運転のための特別な指導を行うとともに、適性診断結果を活用して、運転上の弱点について助言・指導を徹底することにより、安全運転のための基本動作を励行させる。

オ　運転者に対して、運行開始前に直接見ることができない箇所について後写鏡やアンダーミラー等により適切な視野の確保を図ったうえで、発車時には十分な安全確認を行うよう徹底する。

カ　過労運転の防止を図るため、自動車運転者の労働時間等の改善のための基準に違反しない乗務計画を作成し、運転者に対する適切な運行指示を徹底する。

キ　安全運転教育において、横断歩道、交差点などの部分で停止しないよう徹底するとともに、横断歩道に接近する場合及び通過する際に、横断しようとする者がいないことを確実に確認するよう徹底する。

ク　運転者に対して、疾病が交通事故の要因となるおそれがあることを

正しく理解させ、定期的な健康診断結果に基づき、自ら生活習慣の改
善を図るなど、適切な心身の健康管理を行うことの重要性を理解させ
る。

1．ア・イ・オ・ク		2．ア・イ・カ・キ	
3．ア・オ・キ・ク		4．ア・ウ・オ・キ	
5．イ・ウ・エ・カ		6．イ・エ・オ・キ	
7．ウ・エ・キ・ク		8．ウ・エ・オ・カ	

正解　6

　「事故の再発防止対策」の問題では、「当該事故」の発生原因の把握（速
攻攻略‼①）がスタートであり、最大のポイントだ。この点、本問では【事
故の推定原因・事故の要因】が記載されており、これが大ヒントとなって
いる。この「運転者」の欄を見ると、以下の内容となっている。

・発車時に十分な安全確認を行わなかった。
　　　　　　　→安全確認をすれば良かった（そのように指導すべき）。
・前車に続き、安易に横断歩道上に停止した。
　　　　　　　→横断歩道上に停止しなければ良かった（そのように指導すべき）。
・装飾板を取り付けたことにより運転者席からの視界が悪化した。
　　　　　　　→装飾板は外しておけば良かった（そのように指導すべき）。

　それぞれ矢印で、こうしておけば当該事故は起きなかったのでは…とい
う内容を示してある。上記の再発防止対策が提示されているのは、装飾板
に関する点についてはイ、横断歩道上での停止についてはキであることは
わかろう。

　安全確認についての対策は、確信を持てないかもしれないが、当然の基
本動作についてなので、エである。この点について確信を持てなかったと
しても、正解はできる。

　つまり、装飾板に関する点についてイ、横断歩道上での停止についてキ
の2つの提案がともに含まれる選択肢は、「2」か「6」に絞られる。こ

の２つの選択肢を比較して、正解を出せばよい。比較してみよう。

選択肢２に含まれる**ア**の対策は、「対面による**点呼**が行えるよう**要員の配置を整備**する。」である。大事なことではあるが、これが当該事故の再発防止について、「直接的」に有効であろうか？

同様のことは、**選択肢２に含まれるカの対策**にも言える。カの対策では、過労運転の防止について提案されているが、当該事故の推定原因等に、過労運転の話は出てきてはいない。

それよりも、**運転者が安全確認を怠った**という当該事故においては、**エの対策**である「事故惹起運転者」に対して、「安全運転のための基本動作を励行させる。」ことであったり、**オの対策**である「**発車時には十分な安全確認を行う**よう徹底する。」というものが合致する。よって、**これらが含まれる選択肢６が正解**となる。

本問では、**【事故の推定原因・事故の要因】**が記載されていたが、これが記載されていない問題もある。もう１問確認しよう。

過去問題

運行管理者が次の事業用普通トラックの事故報告に基づき、この事故の要因分析を行ったうえで、同種事故の再発を防止するための対策として、**【最も直接的に有効と考えられる＜事故の再発防止対策＞の組合せ】**を選びなさい。なお、解答にあたっては、＜事故の概要＞及び＜事故関連情報＞に記載されている事項以外は考慮しないものとする。

＜事故の概要＞

当該トラックは、17時頃、霧で見通しの悪い高速道路を走行中、居眠り運転により渋滞車列の最後尾にいた乗用車に追突した。当該トラックは当該乗用車を中央分離帯に押し出したのち、前方の乗用車３台に次々と追突し、通行帯上に停止した。

09

事故の再発防止対策

この事故により、最初に追突された乗用車に乗車していた3人が死亡し、当該トラックの運転者を含む7人が重軽傷を負った。当時霧のため当該道路の最高速度は時速50キロメートルに制限されていたが、当該トラックは追突直前には時速80キロメートルで走行していた。

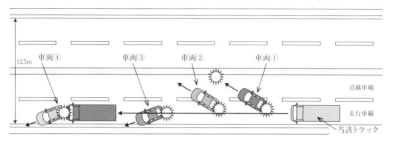

＜事故関連情報＞

○　当該運転者は、事故日前日運行先に積雪があり、帰庫時間が5時間程度遅くなって業務を早朝5時に終了した。その後、事故当日の正午に業務前点呼を受け出庫した。

○　当該運転者は、事故日前1ヵ月間の勤務において、拘束時間及び休息期間について複数回の「自動車運転者の労働時間等の改善のための基準」違反があった。

○　当該運転者に対する業務前点呼はアルコール検知器を使用し対面で行われていた。また、この営業所においては、営業所長が運行管理者として選任されていたが補助者の選任がされておらず、運行管理者が不在のときは点呼が実施されていなかった。

○　当該営業所では、年度ごとの教育計画に基づき、所長自ら月1回ミーティングを実施していたが、交通事故を惹起した場合の社会的影響の大きさや、疲労などの生理的要因による交通事故の危険性などについて理解させる指導・教育が不足していた。

○　当該運転者は、採用後2年が経過していたが、初任運転者に対する適性診断を受診していなかった。

○　当該事業者は、年2回の定期健康診断の実施計画に基づき実施しており、当該運転者は、これらの定期健康診断を受診していた。

○　当該トラックは、法令で定められた日常点検及び定期点検を実施していた。また、速度抑制装置（スピードリミッター）が取り付けられていた。

＜事故の再発防止対策＞

ア　運行管理者は、運転者に対して、交通事故を惹起した場合の社会的影響の大きさや過労が運転に及ぼす危険性を認識させ、疲労や眠気を感じた場合は直ちに運転を中止し、休憩するよう指導を徹底する。

イ　運行管理者は、関係法令及び自動車運転者の労働時間等の改善のための基準に違反しないよう、日頃から運転者の運行状況を確実に把握し、適切な乗務割を作成する。また、運転者に対しては、点呼の際適切な運行指示を行う。

ウ　事業者は、点呼の際に点呼実施者が不在にならないよう、適正な数の運行管理者又は補助者を配置するなど、運行管理を適切に実施するための体制を整備する。

エ　運行管理者は、法に定められた適性診断を、運転者に確実に受診させるとともに、その結果を活用し、個々の運転者の特性に応じた指導を行う。

オ　事業者は、運転者に対して、疾病が交通事故の要因となるおそれがあることを正しく理解させ、定期的な健康診断結果に基づき、自ら生活習慣の改善を図るなど、適切な心身の健康管理を行うことの重要性を理解させる。

カ　事業者は、自社の事業用自動車に衝突被害軽減ブレーキ装置の導入を促進する。その際、運転者に対し、当該装置の性能限界を正しく理解させ、装置に頼り過ぎた運転とならないように指導を行う。

キ　運行管理者は、点呼を実施する際、運転者の体調や疲労の蓄積などをきちんと確認し、疲労等により安全な運転を継続することができないおそれがあるときは、当該運転者を交替させる措置をとる。

ク　法令で定められた日常点検及び定期点検整備を確実に実施する。その際、速度抑制装置の正常な作動についても、警告灯により確認する。

1．ア・イ・エ・オ　　2．ア・イ・カ・キ

3．ア・ウ・キ・ク　　4．ア・ウ・カ・ク

5．イ・エ・オ・カ　　6．イ・エ・オ・キ

7．ウ・エ・キ・ク　　8．ウ・オ・カ・ク

正解　2

まずは、「当該事故」の発生原因を把握しよう（速攻攻略‼①）。

問題文を見ると、「最高速度は時速50キロメートルに制限されていたが、当該トラックは追突直前には時速80キロメートルで走行」とあり、**速度違反**がある。

そして、＜事故関連情報＞の冒頭２つを見ると、「当該運転者は、**事故日前日**…帰庫時間が５時間程度遅くなって業務を早朝５時に終了した。その後、事故当日の正午に業務前点呼を受け出庫した。」とあり、また、「当該運転者は、事故日前１ヵ月間の勤務において、拘束時間及び休息期間について複数回の「自動車運転者の労働時間等の改善のための基準」違反があった。」とある。つまり、**疲労していた**し、改善基準違反もあった。

これだけで、**対策のア・イ・キは実効性がある**と言え、これら３つが含まれる選択肢２が正解と導くことができる。

■ 本問の事故原因の考察 ■

・**速度違反があった**
　　→パッと見て有効だとわかる対策がないので、ひとまず保留する。
・**運転手が疲労していた**
　　→ア　運行管理者は、運転者に対して、…（中略）…疲労や眠気を感じた場合は**直ちに運転を中止し、休憩する**よう指導を徹底する。
　　→キ　運行管理者は、点呼を実施する際、運転者の体調や疲労の蓄積などをきちんと確認し、**疲労等により安全な運転を継続することができないおそれがあるときは、当該運転者を交替**させる措置をとる。
・**改善基準違反があった**
　　→イ　運行管理者は、関係法令及び**自動車運転者の労働時間等の改善のための基準に違反しない**よう、…（以下省略）。

ただし、これだけでは心もとないので、**逆に実効性がないと思われる対策**も見つけてみよう。

　例えば、＜事故関連情報＞の最後を見ると、「**当該トラックは、法令で定められた日常点検及び定期点検を実施していた**。また、速度抑制装置（スピードリミッター）が取り付けられていた。」とある。

　すると、**クの対策**である「法令で定められた**日常点検及び定期点検整備を確実に実施する**。その際、速度抑制装置の正常な作動についても、警告灯により確認する。」というのは、実効性が乏しい。点検は実施していたし、速度抑制装置の故障も見られなかったからだ。

　そうなると、この**対策クが含まれている選択肢3、4、7、8が正解となる可能性は低い**と判断できる。

　また、**当該運転者には「疾病」は見られない**。よって、疾病に関する対策であるオが含まれている選択肢1、5、6、8も正解となる可能性は低いと判断できるはずだ。**残る選択肢は2である**。

　以上のように、「事故原因の把握」→「事故防止対策」が直接的にリンクしているものを選ぶ、又は、リンクしていないものを消去する、という方法でこの問題は解けることが、理解できたのではないだろうか。丁寧に問題文を照らし合わせて、正解を導こう。

 ちょこっとコメント

　お疲れさまでした。以上で、本書の解説は終了です。覚えることはたくさんありますが、本書の内容を押さえていれば、必ず合格できます。また、合格するためには全問正解する必要はないので、はじめは重要度の高い項目から押さえていき、試験前までには、できるだけ多くの項目を押さえることを心がけましょう。皆さんの合格を心より願っております。

コンデックス情報研究所

09

事故の再発防止対策

各試験の出題法令基準日までに施行される法改正や本書に関する正誤等の最新情報は、下記のアドレスでご確認ください。
http://www.s-henshu.info/ukksr2405/

上記掲載以外の箇所で正誤についてお気づきの場合は、**書名・発行日・質問事項（該当ページ・行数・問題番号などと誤りだと思う理由）・氏名・連絡先**を明記のうえ、お問い合わせください。

・webからのお問い合わせ：上記アドレス内【正誤情報】へ
・郵便またはFAX でのお問い合わせ：下記住所またはFAX番号へ
※**電話でのお問い合わせはお受けできません。**

[宛先] コンデックス情報研究所
　　　　『スピード攻略！　運行管理者〈貨物〉集中レッスン』係
住　　所：〒359-0042　所沢市並木 3 - 1 - 9
FAX番号：04-2995-4362（10：00 〜 17：00　土日祝日を除く）

※**本書の正誤以外に関するご質問にはお答えいたしかねます**。また、受験指導などは行っておりません。
※ご質問の受付期限は、**各試験日の10日前必着**といたします。
※回答日時の指定はできません。また、ご質問の内容によっては回答まで10日前後お時間をいただく場合があります。
あらかじめご了承ください。

■**編著：コンデックス情報研究所**
　1990年 6 月設立。法律・福祉・技術・教育分野において、書籍の企画・執筆・編集、大学および通信教育機関との共同教材開発を行っている研究者・実務家・編集者のグループ。
■**イラスト：ひらのんさ**

スピード攻略! 運行管理者〈貨物〉集中レッスン

2024年 7 月20日発行

編　著　コンデックス情報研究所（じょうほうけんきゅうしょ）

発行者　深見公子

発行所　成美堂出版
　　　　〒162-8445　東京都新宿区新小川町 1 - 7
　　　　電話(03)5206-8151　FAX(03)5206-8159

印　刷　株式会社フクイン

©SEIBIDO SHUPPAN 2024　PRINTED IN JAPAN
ISBN978-4-415-23869-2
落丁・乱丁などの不良本はお取り替えします
定価はカバーに表示してあります